MEMENTO MORI

Friedhöfe Europas

VON GANS

MEMENTO MORI

Friedhöfe Europas

Clemens Jöckle

PARKLAND

Titelbild: Grabdenkmal auf dem Friedhof Dresden-Tolkewitz
Rückseite: Ansicht des Parkfriedhofs Hamburg-Ohlsdorf
Frontispiz: Grabdenkmal auf dem Frankfurter Hauptfriedhof

Bildnachweis:
Georg Anderhub: S. 148, 149
A.P.T. Roma: S. 118, 119
Bayerisches Landesamt für Denkmalpflege: S. 44/45
Belgisches Verkehrsamt: S. 16 unten
Bestattungsinstitut Gotha: S. 32
British Tourist Authority: S. 60, 61, 64 oben, 66, 67, 68/69
Friedhofsverwaltung Weimar: S. 53
Jan Decreton: S. 16 oben, 17
Stefan Diller: Frontispiz und S. 31
R. Waldhauser: S. 96, 97
fotopresent: S. 82, 84
Fremdenverkehrsbetriebe der Stadt Salzburg: S. 139
Hans Freytag: S. 52
CH. Frieben: S. 43, 46, 47
FZB-Atelier: S. 33, 56 unten, 58
Gesellschaft zur Rettung der Kapuzinergruft: S.142 oben
Barbara von Girard: S. 140 oben, 141
Hubert Gundolf: S. 74
Fotostudio Heselbarth: Titelbild, S. 26, 27 und 28/29
Hamburger Friedhöfe (Jose Camejo): S. 34, 35, 36/37
Clemens Jöckle: S. 51, 116, 117, 150 oben, 152
Gerold Jung: S. 120 oben, 146, 147, 150 unten, 151, 153
Gerhard Kaiser: S. 104 oben
Kurt Keller: S. 76 unten
Magyar Képek: S. 156, 157
Christopher A. Kerstjens: S. 64 unten
Celia Körber-Leupold: S. 40 und 41
H & H Krumbholz: S. 22, 85, 110 unten, 111
Helga Lade: S. 30, 88 unten, 89, 90/91
Hans E. Lex: S. 80/81
Axel. M. Mosler: S. 98
Jean-Pierre Neumeister: S. 24 und 25
Werner Neumeister: S. 54, 55, 56 oben, 57, 59, 83, 99, 100/101, 102 oben, 103, 105, 106 oben, 107, 108/109, 113, 114, 115, 125, 137, 154, 155, 156/157
Österreich Werbung: 132 unten, 133, 136, 142, 143, 145
Office de Tourisme, Verdun: S. 75
Pfarramt Bad Deutsch-Altenburg: S. 132 oben
Photothék des Musées de la Ville de Paris: S. 79
Roger Pluijm: S. 126, 127
Georg Quedens: S. 18, 19, 20/21
Salzburg Information: S. 138
Heinrich Schmorrde: S. 39
Sylze Schut: 128, 129
Thomas Stankiewicz: S. 42
Stadt Nürnberg, Bild-, Film- und Tonarchiv: S. 48, 49, 50
Stadtarchiv Heidelberg: S. 38
Thomas Stankiewicz: 120 oben, 130, 134, 135, 144
Werner Stuhler: S. 70, 71, 72/73, 76 oben, 77, 88 oben, 92, 93, 94/95, 102 unten, 104 unten, 106 unten, 110 oben, 120 unten, 122, 123, 140 unten
Hans Wolf: S. 124
alle anderen sind dem Verlagsarchiv entnommen.

Sonderausgabe für Parkland Verlag Gmbh

International Publishing GmbH Germering/München
Reproduktionen: M. Vollnhals
Gestaltung: Isgard Traspel
Printed in Slovenia

ISBN: 3-88059-939-4

Einleitung
6

Belgien
16

Deutschland
18

England
60

Frankreich
70

Irland
92

Italien
96

Niederlande
126

Österreich
130

Rußland
146

Schweiz
148

Skandinavien
150

Tschechien
154

Ungarn
158

Einleitung

I.

Zu den frühesten Zeugnissen, die uns von der menschlichen Zivilisation Kunde geben, zählen die Gräberfelder und Bestattungsrituale der Vor- und Frühgeschichte.

Im Mesolithikum, der mittleren Steinzeit (ca. 8 000–4 500 v.Chr.) wandelten sich infolge der Erderwärmung nach der Eiszeit die Lebensbedingungen der Menschen, die als Sammler und Jäger erste Hütten aus Schilf und Reisig bewohnten, wie sie in Starr Carr, im Norden Englands, ergraben worden sind. Die Toten wurden in Hockerlage bestattet. Die Leichname waren mit Rötel bestreut worden. Auch rituelle Tötungen und Beisetzungen sind überliefert. So fand man in der Ofnet-Höhle bei Nördlingen in zwei Nestern zusammengelegte Schädel von vier Männern, zehn Frauen und 19 Kindern.

Im Neolithikum, der Jungsteinzeit (ca 4 500–1 800 v. Chr.) läßt sich der allmähliche Übergang vom nomadenhaften Jägertum zur seßhaften Dorfkultur mit dem Beginn von Ackerbau und Viehzucht ausmachen. Als sich Siedlungsgemeinschaften mit einer hierarchisch aufgebauten Struktur gebildet hatten, entstand eine erste frühe Sepulkralarchitektur an festen Plätzen in der Form von Megalithgräbern, auch Hünengräber oder Dolmen genannt. Ein vorherrschender Typus war in jener Epoche das Ganggrab, eine Grabkammer, zu der ein aus Steinblöcken gebildeter Gang führte. Ein Hügel überdeckt solche Gräber. Sie wurden für wiederholte Bestattungen genutzt und enthalten oft bis zu 100 Skelette. In Europa sind die frühesten Beispiele aus der Bretagne nachgewiesen, wo sich auf der Oberfläche der Steine Gravierungen finden.

Die Dolmen gelangten vermutlich über Indien und den Kaukasus, Palestina, Ostjordanien, Malta und Sardinien auf die Apeninnenhalbinsel und breiteten sich bis nach Südskandinavien aus. Man verwendete unbehauene, sorgfältig ausgewählte Findlinge, aus denen eine rechteckige, mit mehreren gewaltigen Steinen bedeckte Grabkammer gebildet worden ist. Die Grabsteine sind an der Innenseite glatt, an der Außenseite unregelmäßig geformt. Die Fugen wurden mit einer Füllmasse aus zurechtgeschlagenen Steinplatten, sogenanntem Zwickelmauerwerk ausgefüllt. Einige Dolmen legte man in Hünenbetten, der populären Bezeichnung für eine steinerne Umfassung, an.

Eine Sonderform bildete das Galeriegrab aus gleichmäßig hohen und langgestreckten Grabkammern, die in einen ovalen bzw. runden Hügel eingebaut waren. Man findet sie im Pariser Becken, wo die Endkammer gegen den Graben hin abgeteilt worden ist; auch sogenannte Seelenlöcher zwischen den unterteilenden Steinplatten kommen vor. In Hessen, Westfalen und Thüringen, aber auch auf der Insel Gotland kennen wir Steinkisten, 12–30 m lange Grabkammern mit Steinplatten, beispielsweise in Züschen.

Die auf die Steinzeit folgende Bronzezeit war von der zunehmenden Verwendung von

Metallen geprägt. Bei der Herstellung von Schmuck und auch Grabbeigaben ist häufig Kupfer und Bronze benutzt worden. Auf der Insel Gotland beispielsweise hielt diese Kultur um 1500 v. Chr. ihren Einzug. Sie bescherte der kleinen Insel eine erste Blüte, von der die etwa 400 erhaltenen Riesengrabhügel künden. Uggarde Rojr an der Ostküste der Insel weist einen Durchmesser von 45 Metern auf und erhebt sich 7 Meter in die Höhe. Ein insulares Zeugnis sind die Schiffssetzungen, von denen sich 350 auf Gotland erhalten haben. Ihr Bug ist nach Süd- Südwest ausgerichtet. Der Tote wurde verbrannt und die Asche in einer kleinen, mit behauenen Kalksteinplatten ausgelegten viereckigen Grube in der Mitte des Schiffsrumpfes beigesetzt. Zahlreiche Grabbeigaben, wie Pinzetten und Rasiermesser lagen unversehrt inmitten der Aschereste. Symbole mit Sonnenrädern lassen auf einen ausgprägten Sonnenkult schließen.

Ein markantes Beispiel für die Entwicklung bei den nördlich der Alpen angesiedelten Stämmen ist das Gräberfeld von Hallstatt im Salzkammergut, nach dem die Kultur der frühen Eisenzeit (800–450 v. Chr.) benannt worden ist. Zeugnisse der Hallstatt- Zeit erstrecken sich von Ostfrankreich über die Adriaküste, den westlichen Balkan und das Karpatenbecken bis zu den Mittelgebirgszügen im Norden. In Grabfunden läßt sich die archäologische Wurzel des Keltentums ausmachen, während in der östlichen Hallstatt-Kultur die Grundlage für die illyrischen Stämme gefunden werden kann.

Die Laténezeit ab 450 v. Chr. brachte hervorragende künstlerische Arbeiten hervor, die zum Teil als Grabbeigaben geborgen werden konnten.

1 Steingrab, 2 Etruskisches Tumulusgrab, 3 Phönikischer Sarkophag, 4 Lykisches Pfeilergrab, 5 Römischer Sarkophag, 6 Mausoleum für Kaiser Hadrian, 7 Frühchristlicher Grabbau, 8 Grabbau für Theoderich den Großen, Ravenna

II.

Die Gestaltung des architektonischen Grabbaus bzw. des Denkmals für den Verstorbenen nimmt in den Hochkulturen der Antike mannigfaltige Formen an. Am Bekanntesten sind die Pyramiden Ägyptens. Im Mittelmeerraum kennt man auch das Tumulusgrab, ein rundes Kuppelgrab, das als sogenanntes Schatzhaus des Atreus einen Höhepunkt der mykenischen Baukunst bildet. In der griechischen Kunst dominiert die Stele als Grabdenkmal. Sie wurde seit der klassischen Periode mit Reliefs geziert. Doch hat Demetrios von Phateron Mitte des 4. Jahrhunderts v. Chr. den Luxus bei Bestattungen untersagt, so daß nun sogenannte Lekythen, kleine Grabvasen oder einfache Grabplatten eine Beisetzungsstätte markieren. Man begann auch vor den Toren der Städte große Gräberstraßen anzulegen, etwa am Dipylon in Athen. Seit dem 6. Jahrhundert hat sich in Kleinasien das Turmgrab mit einer unzugänglichen hochgelegenen Grabkammer entwickelt, beispielsweise im Harpyenmonument von Xanthos, oder der über einem Sockel sich erhebende Grabtempel, dessen hervorragendes Beispiel das Mausoleum Halikarnassos aus dem 4. Jahrhundert v. Chr. ist.

Die Römer kennen die verschiedensten Formen bei ihren Beisetzungen. Sie behalten das Tumulusgrab bei. Ihre bedeutendste Gräberstraße bildete die Via Appia bei Rom. Altäre, Pyramiden wie die des Cestius, gemauerte Erdhügel in Erinnerung an den Tumulus wie das Grab des Augustus, seien beispielhaft genannt.

Doch erfanden die Römer ein soziales System bei der Beisetzung. Begräbnisvereine sorgten dafür, daß auch Arme würdig in einem Columbarium beigesetzt werden konnten. Man versteht darunter quadratische oder halbrunde Nischen für die Aufnahme von zwei Aschenurnen in den Wänden der römischen und frühchristlichen Begräbnisstätten. Vorbild waren die in Etrurien bekannten Aushöhlungen der Felswände für Aschenurnen gewesen. Seit Beginn der Kaiserzeit sind in Rom diese Anlagen bekannt. Augustus und Tiberius ließen die meisten erbauen, so das Colombario Ebraico für Arme jüdischen Glaubens außerhalb der Porta S. Sebastiano. Die Wände sind in mehreren Reihen mit Nischen ausgestattet. Columbarien können auch unterirdische, durch Treppen verbundene Stockwerke besitzen.

Die Katakomben sind gegenüber den Columbarien unterirdische Grabanlagen für die Körperbestattung. Ihre Bezeichnung ist allerdings nicht antik, sondern entstammt dem mittelalterlichen Gelehrtenlatein. In der frühchristlichen Zeit hießen sie coemeterium, als aus dem Griechischen abgeleiteter Begriff für »Ruhestätte«. Ihre Verbreitung hing mit dem Wandel der römischen Bestattungssitte von der Brand- zur Körperbestattung zusammen, der sich seit dem 2. Jahrhundert n.Chr. vollzogen hatte. Die Gründe dafür kennen wir nicht.

Christliche Bestattungsorte gingen in der Regel aus heidnischen Nekropolen hervor, S. Sebastiano ad catacumbas zum Beispiel oder die vatikanische Nekropole unter St. Peter. Die Grundform der Katakombe besteht meist aus einem Vorraum, von dem aus ein System von Gängen (Stollen) ausgeht. In den Wänden der Gänge wurden die Verstorbenen in kastenförmigen Wandfachgräbern beigesetzt. Loculi, Grabverschlußplatten, enthielten

Sog. Cotta-Monument an der Via Appia Antica
Mauer mit im 19. Jahrhundert eingelassenen Marmorfragmenten des 1. Jahrhunderts v. Chr.,
von L. Canina im 19. Jahrhundert zu einem dekorativen Ensemble vereinigt.

den Namen des Toten. Weiteten sich die Stollen zu Kammern, spricht man gerne von einem Cubiculum, das sogar einen Lichtschacht aufweisen konnte. Man hielt in den Katakomben das Refrigerium, das Totenmahl ab; wurde bei Märtyrern die Feier des Jahrgedächtnisses eines Verstorbenen Angelegenheit der ganzen Gemeinde und nicht nur der Familie, konnte sich allmählich der Heiligenkult entwickeln. Auch als in der Völkerwanderungszeit diese Art der Beisetzung erloschen war, blieben die Katakomben als Stätten der Märtyrerverehrung bestehen.

Besondere Bedeutung gewannen in der spätantiken Kunst die reich skulptierten Kastensarkophage aus Marmor, oft mit reichem Reliefschmuck verziert. Die Bezeichnung »sarkophagos= griechisch fleischfressend« leitete sich von der Auffassung her, daß die Beisetzung eines Leichnams in Kalkstein zur schnelleren Verwesung führe. Eine solche Bestattung war ursprünglich ein Privileg der Vornehmen. In Rom existieren seit der Regierungszeit Kaiser Hadrians (reg. 117–138 n. Chr.) kastenförmige und wannenförmige Sarkophage, die stets mit einem Deckel versehen waren. Oft befanden sich die Verstorbenen als Liegefiguren darauf. Der Reliefschmuck an den Außenseiten zeigt zunächst dekorativ verwobene Szenarien, wie der große Ludovisische Schlachtensarkophag aus der 1. Hälfte des 3. Jahrhunderts nach Chr. Die Thematik konnte sowohl heidnisch wie christlich sein. Wir finden bukolische Motive mit dem Schafträger, aber auch Rettungsdarstellungen aus dem Alten und Neuen Testament, vornehmlich Daniel in der Löwengrube, das Quellwunder des Moses, Drei Jünglinge im Feuerofen oder Jona unter dem Ginsterbusch, ferner die Erweckung des Lazarus. Erweitert wurden die Darstellungen, die seit dem 4. Jahrhundert in zwei klar abgegrenzten Zonen übereinander ohne Trennung friesartig ablaufen, durch weitere biblische Motive, der Anbetung der Könige, der Hochzeit zu Kanaan, der Brotvermehrung und viele weitere Wundertaten Jesu. Die Front zierte in der Mitte eine Muschel mit dem Bildnis des Verstorbenen. In Mailand werden die Szenen in architektonische Hintergründe eingefügt, so daß man vom Typus des Stadttorsarkophages spricht. Sind architektonische Zäsuren der Frieszonen durch Bogen oder Säulen vorhanden, kann man von einer Ableitung von dem heidnischen Sarkophag des sogenannten Sidamaratypus ausgehen. War ein thronender Christus, der Schriftrollen an die Aposteln Petrus und Paulus übergibt im Sinne der traditio legis, der Übergabe der Gesetzesrolle dagestellt, haben die Sarkophage einen verstärkt repräsentativen Charakter erhalten. Erst im 5. Jahrhundert tritt der reiche figürliche Reliefschmuck allmählich zurück.

III.

Die Beisetzungsform der Germanen hat Tacitus (ca. 55–120 n. Chr.) überliefert. Er erzählt, daß die Toten verbrannt wurden, die Asche in tönerne Urnen gefüllt wurde, und Grabbeigaben den Vornehmen für das Leben nach dem Tod beigelegt worden sind. Die Urnen wurden unter Erdhügeln auf Grabfeldern längs der Heerstraßen beigesetzt. Besonders in Neuss, wo das Castellum Novaesium gelegen war, fand man römische Grabstätten mit Aschenurnen aus Terra sigillata.

Nach der Völkerwanderung zeigen sich in den Gräberfeldern der Franken synkretistische Elemente. Man pflegt nun die Körperbestattung, behält aber die überlieferte Sitte der Grabbeigaben noch bei. Ähnlich läßt sich bei der Skandinavienmission im 12. Jahrhundert diese Vermischung auf den Runensteinen beobachten. Vermutlich hat bei den Franken die Vorstellung, daß die Toten beim Jüngsten Gericht körperlich auferstehen, die Vernichtung des Leichnams verhindert. Doch erst Karl der Große hat die Erdbestattung

Arles, Musée d'Art Chrétien,
Oben: Säulensarkophag Inv.Nr. 9 um 350/75,
Mitte: Pilastersarkophag mit 7 Nischen, Inv.Nr. 10, letztes Viertel 4. Jahrhundet,
unten: einzoniger Friessarkophag Inv.Nr. 18 um 300/15

gesetzlich vorgeschrieben und die Feuerbestattung unter Androhung der Todesstrafe verboten.

Der Begräbnisplatz war nun in der Umgebung der Kirchen gelegen, was seit dem 9. Jahrhundert im kanonischen Recht festgelegt worden war. In den Kirchengebäuden wurde durch das Edikt von Nantes 660 nur die Bestattung von Geistlichen erlaubt. Das Bestattungsrecht war jedoch nie konsequent eingehalten worden. Auch Herrschergeschlechtern und Adeligen wurde die Beisetzung im Kirchenraum gewährt.

Waren die Gräber unterirdisch angelegt, spricht man von einer Krypta, die sich in Apsis und Chor befand. Bei halbunterirdischen Anlagen wurde eine Kapelle von Außen an den Chor angebaut. Ausgangspunkt war die Confessio, eine Vorkammer des Märtyrergrabes, von der aus sich die Gestalt der Ringkrypta entwickelte, damit die Pilger das Grab des Heiligen in geordneten Prozessionen umschreiten oder zumindest daran vorbeiziehen konnten. Ein solcher Ringstollen folgt meist dem Grundriß des Chores. Ein Beispiel für eine solche Anlage ist in St. Emmeram in Regensburg erhalten.

Die Stollenkrypta wurde in karolingischer Zeit bevorzugt. Sie enthielt mehrere Grabkammern, die durch tonnengewölbte Gänge miteinander verbunden waren. In Soissons oder Steinbach im Odenwald haben sie sich erhalten. Die Hallenkrypta hat dagegen meist nichts mehr mit dem Bestattungswesen zu tun.

Als Ort der Beisetzung im Kirchenraum suchte man die Nähe zum Chor. Die Salier errichteten den Speyerer Dom beispielsweise als Grabesstätte für ihr Geschlecht und kennzeichneten die Stätte im Königschor auch am Außenbau durch eine östliche Dreiturmgruppe.

Die Form der Gräber war höchst unterschiedlich: Schon in salischer Zeit schloß eine Grabplatte über einer Tumba oder zu ebener Erde die Gruft ab. Bis ins 13. Jahrhundert waren sie schmucklos, dann wird das Bild des Verstorbenen als Relief gestaltet. Eines der frühen Beispiele ist von dem Grab des 1080 verstorbenen Gegenkönigs zu Heinrich IV. (1050–1106), Rudolf von Schwaben (seit 1057 Herzog) im Dom zu Merseburg erhalten geblieben. Er hat sich in ruhender Gestalt in Bronze figürlich abbilden lassen – viel aufwendiger als die Saliergräber im Speyerer Dom. In liegender und stehender Gestalt werden zahlreiche Herrscher und Bischöfe abgebildet, etwa Heinrich der Löwe (1129–1195) und seine Gemahlin im Braunschweiger Dom um 1230/40, bis hin zu dem Grabmonument Friedrichs III. (1415–1493) im Wiener Stephansdom, das mit seiner ausgeprägten Herrscherikonographie um 1470 neue Maßstäbe setzt.

Das Freigrab als das im geschlossenen Kirchenraum aufgestellte, von allen Seiten zugängliche Monument entfaltet sich in unterschiedlichsten zeittypischen Formen je nach Stil und Epoche.

Für die einfache Bevölkerung blieb das Erdgrab um die Kirche. Man wähnte die Toten auf dem Kirchhof auch im Schutz der in der Kirche verwahrten Reliquien. Im Umkreis von 30 Schritten galt die Erde rund um das Kirchengebäude gleichfalls als geweiht. Aus diesem Grund waren von der Bestattung in geweihter Erde hingerichtete Straftäter, Selbstmörder, Ehebrecher und unehrbaren Berufen Nachgehende ausgeschlossen. Ein Beispiel dafür ist der St-Johannisfriedhof von Nürnberg, der allerdings ab 1519 auch für die Beisetzung Nürnberger Bürger allgemein genutzt wurde.

Waren die Friedhöfe zu klein und die Liegezeiten der Toten zu kurz, wurden Karner angelegt, in denen die aus der Erde bei der Neubelegung einer Grabstätte freigelegten Gebeine aufbewahrt werden konnten. Besonders in Niederösterreich, in Kärnten und im Elsaß haben sie sich erhalten. Ein gotischer Karner steht in Bad Doberan.

Oftmals wurden im Laufe des 15. Jahrhunderts die um die Kirche gelegenen Friedhöfe mit Mauern und Bastionen zu Wehrkirchhöfen ausgebaut. Sie sollten Zufluchtsstätte für die Dorfbevölkerung sein, denen der Ortsherr Schutz vor Feinden zu gewähren hatte.

Dabei wurden zum Teil die Kirchtürme bewehrt und die Friedhofsmauern mit Bastionen besetzt, wie malerisch in Ostheim in der Rhön, in Dörrenbach oder Hunawihr im Elsaß zu beobachten ist. Es waren die zahlreichen Fehden, die beispielsweise Friedrich I. von Kurpfalz (reg. 1451–1476) mit vielen Gegnern ausgetragen hat, die solche Zufluchtstätten notwendig machten.

In vielen Städten wurden gegen Ende des Mittelalters Friedhöfe außerhalb der Pfarrkirchen für Arme und Fremde von wohlhabenden Bürgern gestiftet; beispielsweise stellte der Speyerer Ratsherr Jost Thiel 1502 für diesen Zweck einen Garten zur Verfügung. Grund dafür war die starke Zunahme der Einwohner in den Städten, so daß der Raum auf den traditionellen Kirchhöfen knapp geworden war. Häufig wurden diese Anlagen außerhalb der Stadtmauern als »Gottesacker« im Unterschied zu einem mit Mauern abgegrenzten »Friedhof« innerhalb der Städte bezeichnet. Diese Begräbnisstätten erhielten dann eine eigene Gottesackerkapelle,, wie die um 1516 errichtete Kapelle »Unserer lieben Frau« in Speyer belegt. Berühmtestes Beispiel dieser Gattung ist jedoch der »Stadtgottesacker« in Halle an der Saale.

Notzeiten erforderten besondere Maßnahmen. Während der periodisch auftretenden Pestepidemien mit ihrem massenhaften Sterben wurden aus Angst vor Ansteckungen eigene Pestfriedhöfe angelegt. In ähnlichen Massengräbern wurden auch auf den Schlachtfeldern in Kriegszeiten gefallene Soldaten beigesetzt. Aus solchen vorhandenen Arealen haben sich oft nach längerem Zeitabstand Totenäcker für die Allgemeinheit entwickelt.

IV.

Eine wesentliche Zäsur im Bestattungswesen trat mit der Reformationszeit ein, weil die Ablehnung der Reliquienverehrung und der Fürbitte für die Toten, bei der nicht zuletzt im Rahmen des Ablaßhandels Mißbräuche betrieben worden war, dem Friedhof eine andere Bestimmung zugewiesen hatte. Er sollte, wie es Martin Luther schrieb ein »feiner stiller Ort werden, darauf man mit Andacht gehen und stehen« kann. Damals wurden die Friedhöfe angelegt, mit Wegen versehen, ohne daß aber die einzelnen Gräber zu Zeilen geordnet gewesen wären.

Die Säkularisierung des Totengedenkens setzte recht früh zu Beginn der Neuzeit in England ein, wo die Vorstellung vom Tod mit dem Einswerden mit der Natur in sentimental gestalteten Gärten Mausoleen für das jeweilige reiche und mächtige Landadelsgeschlecht zeitigten. Eine Spielart war der Camposanto, den Arkadenarchitekturen begrenzten. Man kann in der Neuzeit anhand der verwendeten Grabsymbolik zwischen lutherischer, reformierter und katholischer Konfession unterscheiden.

Doch brachte die einschneidenste Zäsur das französische Begräbnisrecht vom 12. Juni 1804, »Décret impérial sur les sépultures«, das den Kirchen das Bestattungswesen nahm.

Bereits im Zeitalter der Aufklärung sahen viele Fürsten im Friedhofswesen eine staatliche Aufgabe und griffen dirigistisch ein. Bekannt wurden die Sparedikte Kaiser Josef II.

(1741–1790) mit dem wiederverwendbaren Klappsarkophag, eine Maßnahme freilich, die auf so entschiedenen Widerstand der Bevölkerung gestoßen war, daß der Kaiser sie kurze Zeit nach ihrem Inkrafttreten zurücknehmen mußte.

Kommunale Friedhöfe entstanden nur am Rande der Städte, weil inmitten der Siedlungen gelegene Kirchhöfe zu hygienischen Mißständen geführt hatten. Dort durfte jedermann, auch wenn er nicht der betreffenden Konfession angehörte, beigesetzt werden. Es gab Kaufgräber längs der Friedhofmauern, die gegen Zahlung einer bestimmten Summe Eigentum einer bestimmten Familie wurden, und billige Reihengräber, die mietweise auf Zeit überlassen worden waren.

Die Folge der Edikte war im Biedermeier die städtische Planung von Friedhofsanlagen. In vielen Gräbern zeigt sich der Familienstolz, wird der soziale Abstand in der Bevölkerung deutlich. Dazu kam die Angst vor dem Scheintod, der beim Bau von Leichenhallen durch einen an den Arm des Verstorbenen anzukettenden Glockenzug, der bei geringster Bewegung zu läuten anfing, Rechnung getragen worden ist. Mit der Leichenhalle hörte die Totenwache in den Privatwohnungen auf, ein Prozeß, der sich in der Bevölkerung nur sehr langsam durchsetzte.

Die Trennung von Kirche und Friedhof brachte als neue städtische Bauaufgabe die Gestaltung der Trauerhalle für verschiedenste Begräbnisfeiern mit sich. Eine Besonderheit bilden die Krematorien für die Feuerbestattung, die im Laufe des 19. Jahrhunderts bewußt als antiklerikale Bewegung aufgekommen war und sich in eigens gegründeten Bestattungsvereinen organisierte. Von hier aus wurden auch die architektonisch aufwendigen Krematorien finanziert.

Zunehmend nahm der Friedhof nicht mehr die Rolle als Stätte der Hoffnung auf die Auferstehung der Toten ein, sondern als Ort des Gedenkens an den Verstorbenen durch die Lebenden. 1769 verknüpfte Gotthold Ephraim Lessing (1729–1781) die Erfahrung von der Endlichkeit des Seins mit der Vorstellung vom Tod als Schlaf. Solche philosophisch-moralistischen Vorstellungen verbanden sich mit sentimentalen oder schwärmerischen Akzenten und führten ganz konkret bei der Anlage von Friedhöfen zu Landschaftsgärten und Waldfriedhöfen.

Ein bekanntes Musterbuch, Christian Cajus Lorenz Hirschfelds (1742–1792) Theorie der Gartenkunst, zwischen 1779 und 1785 herausgegeben, sah die Idealgestalt eines Friedhofes in einem melancholischen Garten, wo eine künstlich geschaffene Natur die passenden Stimmungen beim Besucher erwecken konnte. Dazu diente auch die Bepflanzung. So wurden etwa Trauerweiden, dunkle Tannen, Pappeln und Zypressen als allegorische Verweisungen der Natur auf den Tod eingesetzt. Außerdem wird der Friedhof zum Thema innerhalb der Genremalerei seit dem Biedermeier. Im literarischen Bereich stimmen zahlreiche Elegien auf die Gefühlswelt beim Besuch eines Friedhofes ein, etwa Johann Wolfgang von Goethe (1749–1832) in der »Stella« oder Heinrich Heine (1797–1856).

Aus melancholischen Gärten entwickelte sich der Parkfriedhof, in dem sich der Spaziergang und die Erholung des Stadtbewohners mit einem Naturerlebnis verband und dem einschneidenden Ereignis des Todes und jenem betroffenmachenden »memento mori«

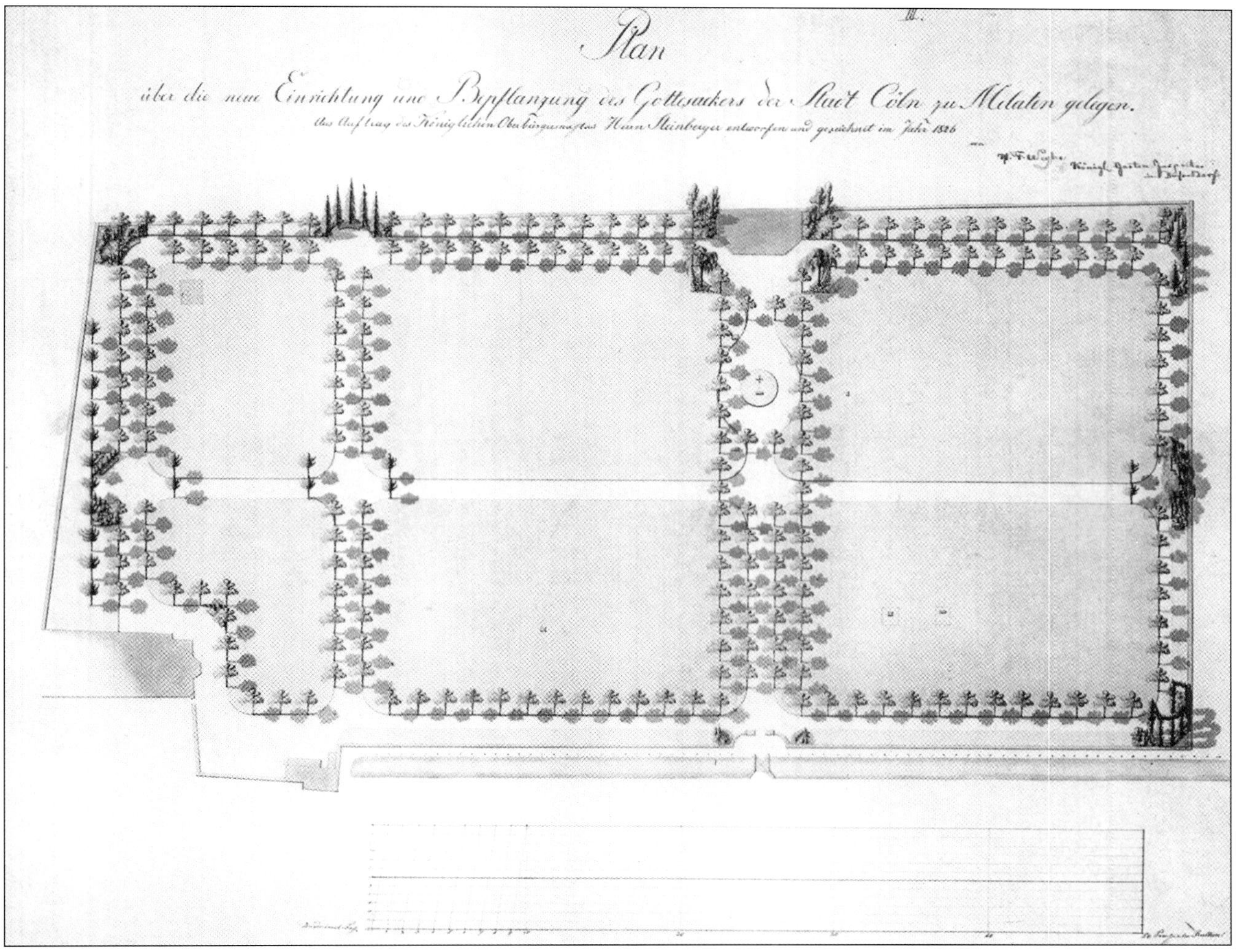

Plan des Melaten-Friedhofs in Köln von 1826

Erholungswünsche der Lebenden gegenüberstanden. Die Anlage solcher Parkfriedhöfe, wie in Hamburg-Ohlsdorf beispielsweise, wurde von Amerika übernommen und ist bis heute ein Symptom der Verdrängung des Todesbewußtseins in der Öffentlichkeit

Die Grabsteine wurden zunehmend normiert oder wucherten als Prunkgräber auf den Friedhofsanlagen. Hier setzte nach der Jahrhundertwende um 1910 eine Reformbewegung ein, die zu Schlichtheit und ästhetischer Schönheit bei der Gestaltung von Grabdenkmalen aufforderte, um der Würde des Todes besser gerecht werden zu können. Sie propagierte den Waldfriedhof. Bäume bilden den Rahmen, in den die Gräber eingefügt werden.

Durch Katalogware und mangelnde Qualität, aber auch als Folge bürokratischer Reglementierungssucht, sind heute viele Gräberfelder auf den Friedhöfen monoton geworden. Künstlerische Gestaltung findet sich nur selten, meist an Gedenkstätten, insbesondere den Kriegerdenkmälern, die im Zuge des erwachenden Nationalbewußtseins an die Gefallenen der Kriege seit 1866, 1871, 1914/18 und 1933/45 gemahnen. Eine bewegende Aussage macht hier die nach Entwürfen von Käthe Kollwitz (1867–1945) geschaffene Anlage in Vladslo/Belgien. Doch bleibt dies eine bemerkenswerte Ausnahme.

Belgien

Vladslo bei Dixmuide (Flandern)

Gefallenendenkmal von Käthe Kollwitz

Die flandrische Ebene rund um Ypern gilt als Schlachtfeld Europas während des Ersten Weltkrieges. Die Stadt Ypern wurde zum Mittelpunkt der blutigen Kämpfe im Ypernbogen. Zehntausende englischer, französischer, belgischer, amerikanischer und deutscher Soldaten fanden den Tod. Die Stadt Ypern wurde fast vollständig zerstört, kleinere Orte halten die Erinnerung an den Schrecken des Krieges wach. Langemark, der Kemmelberg, Poelkapelle, Zillebeke, Wijtschaete oder Poeringhe wurden in dem Feuersturm des Krieges eingeäschert.

Zwei Denkmale halten die Grausamkeit des Krieges in besonderer Erinnerung. Im Meninbogen hat Großbritannien ein Denkmal für 58000 Soldaten errichtet, die hier kein Grab fanden. An dieser Stelle sollte über die persönliche Trauer der Hinterbliebenen auch der Gefallenen als Opfer, durchaus auch als heldenhafter Opfer gedacht werden.

Eine ganz andere Sinnstiftung geht von dem Denkmal aus, das Käthe Kollwitz (1867–1945) 1931 für den umfriedeten, von Rasen bedeckten Friedhof in Vladslo geschaffen hat. 1932 wurden die Figuren aufgestellt. Im Gedenken an ihren eigenen, hier beigesetzten Sohn hat die enagagierte Künstlerin aus tiefster persönlicher Betroffenheit und erfahrenem Leid heraus die Plastik der trauernden Eltern geschaffen. Ihre beiden Söhne hatten sich bei Kriesgbeginn 1914 freiwillig an die Front gemeldet; Peter fiel im gleichen Jahr im Alter von achzehn Jahren.

Die beiden Figuren der Trauernden spiegeln in dieser Haltung die gefühlsmäßig von Außen her faßbare Stimmungslage der Trauer über die Opfer und markieren eine Abkehr der heldischen Posen sterbender oder heroischer Kriegerfiguren. Schuld, Sühne, Trauer, Leid und auch Erlösungsbedürftigkeit sind Auslöser, die Gestalt des Menschen frierend, aber auch gebeugt darzustellen. Die monolithe Verschlossenheit und blockmäßige Expression als bei diesen Skulpturen eingesetzte künstlerische Stilmittel signalisieren in ihrer Aussage das mahnende Zeichen, Nachdenken in der Trauer nicht zu passiver Dumpfheit und Schicksalsergebenheit werden zu lassen. Das unterstützt die zurückhaltende Mimik, aber auch die Feststellung, daß Kälte eine Ausdrucksform von Trauer zu spiegeln vermag.

Käthe Kollwitz beschäftigten in den Jahren nach 1918 der Krieg und die Not der Bevölkerung,- zum Antikriegstag 1922 gab sie den Zyklus »Krieg« mit sieben Holzschnitten heraus. Ihr gesamtes Werk kann als Ausdruck des Mitleidens und Anteilnehmens gedeutet werden, in besonderer Weise konzentriert in dem Denkmal auf dem Friedhof in Belgien. Die Denkmalsgestalt in Vladslo und die Form des Gedenkens der Kriegstoten wirkte auch in der Zeit nach 1945 für viele Künstler anregend. Ewald Mataré (1887–1965) bildete die Figurengruppe 1959 in der Gedenkstätte für die Toten der Weltkriege im Chor der im II. Weltkrieg zur Ruine gewordenen Kirche St. Alban in Köln, (errichtet im 17. Jahrhundert) nach. Auf dem Ehrenfriedhof in Königsberg/Bayern schuf Karl Hornung 1959/60 eine große Knieende als Trauernde: Sie ist wie das Elternpaar der Käthe Kollwitz Mahnmal der Sinnlosigkeit des Krieges und ihrer Opfer. Hornung hat die Reduktion der Gestalt hin zum Blockhaften gegenüber der Kollwitzschen Mutter verstärkt. In Dammheim bei Landau/Pfalz hat die Bildhauerin Luise Unger (* 1919, lebt in Wollmesheim), das Motiv der kniend in Trauer versunkenen Mutter aufgegriffen.

Deutschland

Nebel auf Amrum

St. Clemens-Friedhof und Friedhof der Namenlosen

Der St.-Clemens-Friedhof steht beispielhaft für maritime Gedenksteine an den deutschen Küsten von Nord- und Ostsee. Er wurde im 17. Jahrhundert für die auf der Insel ansässigen Schiffer eingerichtet. Sie kauften vorgefertigte Grabsteine auf ihren Seereisen, da auf der Insel kein geeignetes Steinmaterial zur Verfügung stand. So brachten sie vorwiegend Kalksteine aus Holland oder Hamburg mit. In Bremen konnten die aus Buntsandstein gefertigten Grabplatten erworben werden, die im Oberwesergebiet gebrochen worden waren und hauptsächlich auf dem Friedhof von Nieblum auf der Insel Föhr vorgefunden werden.

Die bis heute aufrecht stehen gebliebenen Grabsteine in der Form von Stelen offenbaren in der Regel barocke Vielfalt. Sie besitzen einen geschweiften Umriß, ihr Kopfteil ist einer Darstellung vorbehalten. Die Front ist mit langen Inschriften versehen. Dort wird das Alter der Verstorbenen in Jahren, Monaten und Tagen genau bezeichnet. Auch die Zahl der Nachkommen wird überliefert. Eine Besonderheit auf Amrum und Föhr ist die genaue Auflistung des beruflichen Werdegangs: So erfahren wir beispielsweise, daß ein hier Bestatteter im 12. Jahr seines Lebens angefangen hat, »sein Brodt bei der Schiffahrt zu suchen« und ein anderer 34 Jahre lang regelmäßig nach Grönland gefahren ist. Auch Berufswechsel sind vermerkt, wenn es heißt: »21 Jahr zur See gefahren, nachher die Landwirtschaft musterhaft betrieben«. Gelegentlich werden auch Grabsteine als Denkmal für auf der See verunglückte Matrosen und Schiffer aufgestellt.

Die Grabinschriften überliefern auch, daß sich die Schiffer auf Amrum gegen Ende des 18. Jahrhundert gerne holländische Namen zulegten. So demonstriert die Inschrift auf dem Grabstein des 1792 verstorbenen Wögen Knudten, daß er sich als Seefahrer Willem Claasen genannt hatte.

Die Darstellungen sind streng genormt. Gerne werden Familienbäume dargestellt. Tulpen symbolisieren die männlichen, Sonnenblumen oder Rosen die weiblichen Familienmitglieder. Ist eine Blüte geknickt, starb ein Kind des hier Bestatteten. Ferner sind Embleme des ausgeübten Berufes vorhanden, ebenso eigenwillig ins Emblematische umgeformte biblische Darstellungen. So zeigt beispielsweise ein Grabstein in Nieblum den Gekreuzigten, dem sich drei ebenfalls kreuztragende Männer nähern, zu deren Füßen die irdischen Schätze in Truhen oder als Krone abgelegt sind. Ein Spruchband erläutert die Darstellung: »Wer mein Jünger sein will, der nehme sein Creutz auf sich und verleugne sich selbst.«

Die Stele jedes Seemanns ziert ein Schiffssymbol, das dem zu Lebzeiten hauptsächlich befahrenen Schiffstypus entspricht. Ein Grönlandfahrer oder ein am Walfang Beteiligter erhielt ein dreimastiges Segelschiff, wie es von holländischen Häfen aus in Richtung Polarmeere in See gestochen war. Dabei konnte eine Fragatte aufgetakelt oder nur mit den Masten abgebildet werden. Einen besondere Totensymbolik wurde gegen Ende des 18. Jahrhunderts gewählt, indem das Schiff im Zustand des Winterlagers mit abgebauten Masten reliefiert worden war. Kleinschiffer erhielten nur ein für Wattfahrten geeignetes Segelschiff oder ein Küstenboot auf den Grabstein gemeißelt.

Am Ortsrand von Nebel erinnern 32 Holzkreuze an Schiffbrüchige, deren Leichname die Nordsee an die Inselküste gespült hatte.

Durch Creutz und Leiden, zur Himmels=Freuden
Neben diesen Stein
modern die Gebeine des Wohledlen seel.
Hr Capitains
HINRICK NICKELSEN,

Berlin-Charlottenburg

Mausoleum im Schloßpark

Im Schloßpark Charlottenburg plante 1810 der Berliner Baumeister Heinrich Gentz (1766–1811) ein Mausoleum für Königin Luise von Preußen (1776–1810). Es sollte das letzte seiner Werke werden. Der 1812 nach dem Tode des Architekten vollendete Bau erhebt sich an der Nahtstelle zwischen der 1697 nach Plänen von Simon Godeau (1632–nach 1716) regelmäßig angelegten Barockanlage und dem Ende des 18. Jahrhundert den Vorlieben Friedrich Wilhelms II. (1744–1797) entsprechend als englischer, von malerischen Wasseradern durchzogenen Landschaftsgarten von Johann August Eyserbeck.

Gentz, Vertreter eines strengen Klassizismus, gestaltete einen Podiumstempel mit einem viersäuligen Prostylos in klassischer dorischer Ordnung. Der Typus war ihm von König Friedrich Wilhelm III. von Preußen (1770–1840) vorgegeben worden. In der herben Architektursprache, die fast vollständig am Außenbau auf Ornamente verzichtet, wird die Auseinandersetzung mit der griechischen Architektur auf Sizilien und der sogenannten französischen Revolutionsarchitektur sichtbar.

Ursprünglich waren die Wände in Sandstein ausgeführt. Deswegen versetzte Karl Friedrich Schinkel (1781–1841) 1828 den ursprünglichen Portikus aus Sandstein auf die Pfaueninsel und ersetzte ihn durch einen in identischen Formen gearbeiteten aus poliertem Granit. Erst zu diesem Zeitpunkt wurden die Monogramme im Giebel angebracht.

Im Inneren war der Raum in einen Vorraum und eine über zwei Treppen zugängliche Plattform mit Oberlicht unterteilt. Im Zentrum sollte ursprünglich der Sarkophag für die Königin aufgestellt werden. Die Vorraum und Plattform verbindenden gekuppelten Jaspis bzw. Rosso-di-Polcevera-Säulen kamen vom Oranienburger Schloß und wurden von ionischen zu toskanisch-dorischen Ordnungen umgearbeitet.

Der Kenotaph der Königin wurde 1811–1814 von Christian Daniel Rauch (1777–1857) geschaffen. In schlichtem Gewand, das die Körperformen durchscheinen läßt, liegt die überlebensgroße Gestalt der Königin auf einer von faltenreichem Tuch überzogenen antikisch anmutenden Kline mit höher gebettetem Oberkörper. Sie hält die Arme unterhalb der Brust verschränkt und hat den Kopf wie schlafend auf das Kissen zurückgelegt. Rauch verzichtet auf Herrschaftsattribute., lediglich ein Diadem erinnert an die königliche Würde. Das Lager erhebt sich über einer reich ornamentierten Scheintumba aus Carraramarmor, dessen Seiten mit preußischen Adlern an Kopf- und Fußende und längs mit mecklenburgischem und preußischem Wappen verziert sind. Rauch bezieht die Würde der dargestellten Person aus ihrer gereiften Schönheit und der in sich gesammelten Haltung. Damit legte er den Grund für den Typus des bürgerlichen Totenbildes im 19. Jahrhundert, weil Idealität und Person in ein harmonisches Gleichgewicht gebracht worden sind.

Nach dem Tod König Friedrich Wilhelms III. (1770–1840) wurde das Mausoleum queroblong erweitert und erhielt eine halbrunde mosaikgeschmückte Apsis an der Nordseite. Der Plan dazu stammte von Karl Friedrich Schinkel, die Ausführung besorgte Ludwig Ferdinand Hesse (1795–1876). Seinen am Vorbild des Luisensarkophag ausgerichteten Kenotaph führte nach einem Entwurf Rauchs Carlo Baratta 1841 aus. 1890 erweiterte man das Mausoleum zu einem Quadrat, um die Kenotaphe Kaiser Wilhelms I. (1797–1888) und seiner Gemahlin Augusta (1811–1890) aufstellen zu können.

Kenotaph der Königin Luise von Preußen,
1811–1814 von Christian Daniel Rauch geschaffen

Berühmte Persönlichkeiten

König Friedrich Wilhelm III von Preußen (1770–1840)

Königin Luise von Preußen aus dem Haus Mecklenburg-Strelitz (1776–1810)

Kaiser Wilhelm I. (1797–1888)

Kaiserin Augusta (1811–1890)

Berlin-Kreuzberg

Friedhof vor dem Halleschen Tor

Als die um die Gotteshäuser gelegenen Kirchhöfe der Friedrichstadt die Toten nicht mehr aufnehmen konnten, wurde jenseits der Stadtmauern vor dem Halleschen Tor im Jahr 1735 ein Armenfriedhof angelegt, der seit ungefähr 1800 fünf Kirchengemeinden als Begräbnisplatz dient: der Dreifaltigkeits-, der Bethlehem-, der Jerusalemsgemeinde, der Neuen Kirchengemeinde sowie der Herrenhuther Brüdergemeinde. Im Laufe der Zeit wurden hier zahlreiche prominente Berliner beigesetzt.

Gleichzeitig entfaltet sich in dem heute noch belegten Friedhof eine große Vielfalt künstlerisch wertvoller Grabmäler aus den unterschiedlichsten Epochen, die zugleich eine säkularisierte Trauerikonographie meist abgelöst von christlichen oder gar biblischen Inhalten entfaltet hat. Das Grab des 1786 verstorbenen Justus Dietrich Schwechtendall beispielsweise ziert eine Allegorie der Freundschaft. Hygieia und Asklepios als antike Gottheiten der Heilkunst wurden auf dem Grab von Leopold Otto von Gaudi und seiner Tochter Marie 1786 bzw. 1789 aufgestellt.

Auf dem Areal I der Jerusalemsgemeinde zeigt ein Grabmal, dessen Namensinschrift längst der Witterung zum Opfer gefallen ist, eine von dem Berliner Bildhauer Julius Moser (1832–1916) geschaffene trauernde Frauenfigur, die schmerzgebeugt ihr Antlitz mit dem auf einer mit Akanthuslaub verzierten Aschenurne abgestützten Arm verhüllt. Dieser Typus der ihre Endlichkeit betrauernden Frauengestalt aus Marmor verbreitete sich überall im 19. Jahrhundert.

Das Bild des 1809 verstorbenen Friedrich Wehling als Halbrundrelief enthält einen Bronzetondo, der stilistisch dem Umkreis von Johann Gottfried Schadow (1764–1850) nahesteht. 1840 schuf der Bildhauer Friedrich Drake (1805–1882), ein Schüler Rauchs, die Marmorbüste für das Grab Carl von Graefes.

Neben den Figurengräbern finden sich kleine Mausoleen, deren bekanntestes wohl »Ebens Begräbnis« aus dem Jahr 1798/99 ist, eine frühklassizistische David Gilly (1748–1808) zugeschriebene Kleinarchitektur mit charakteristischen ägyptisierenden Elementen. »Joppenfleds Erbbegräbnis« zeigt sich demgegenüber vom Pathos und der Rationalität der französischen Revolutionsarchitektur beeinflußt.

Nach 1871 spiegeln die Gräber den wachsenden Reichtum ihrer Besitzer, dokumentieren Industrielle ihren Erfolg und machen selbst auf dem Friedhof den Aufstieg Berlins zur Metropole sichtbar. Das Grab von Bertha († 1886) und Georg Wolff (1845–1904) auf dem Jerusalemsfriedhof ziert die kolossale Bronzefigur des geflügelten, bärtigen, auf einer Steinbank sitzenden Gottes Chronos. Hier hat Architekt Bruno Schmitz (1858–1916) sich als Bildhauer versucht und in der Gestaltung des Grabes samt der Sitzfigur formal an die Barbarossafigur im Vorhof des von ihm geschaffenen Kaiser-Wilhelm-Denkmals auf dem Kyffhäuser angelehnt.

Für Jugendstiltendenzen nach 1900 mag beispielhaft das Grab des Bankiers Arthur von Gwinner (1856–1931) auf dem Dreifaltigkeitsfriedhof stehen, das um 1910 als monumentale Fassadenwand mit einer an frühchristliche Schrankenplatten erinnernden Grabeinfassung gestaltet worden ist. Von zwei Karyatiden gerahmt befindet sich ein Relief des Bildhauers Georg Wrba (1872–1939) mit dem aus Liebe für seine Jungen seine Brust mit dem Schnabel aufreißenden Pelikan im Mittelpunkt der gefelderten Wand und erinnert an das Leitwort der Familie: »Die Liebe höret nimmer auf«.

Grabmal von E.T.A. Hoffmann

S.25: Grabmal von Felix Mendelssohn-Bartholdy (rechts)

Berühmte Persönlichkeiten

u.a. Adalbert von Chamisso (1781–1838), Dichter
Albrecht von Graefe (1828–1870), Begründer der Augenheilkunde
E.T.A. Hoffmann (1776–1822), Dichter, Maler
August Wilhelm Iffland (1759–1814), Schauspieler
Felix Mendelssohn-Bartholdy (1809–1847), Komponist
Adolf Menzel (1815–1905), Maler
Carl von Siemens (1829–1906), Industrieller

JACOB LUDWIG
FELIX
MENDELSSOHN BARTHOLDY
GEBOREN
ZU
HAMBURG
AM
3. FEB.
1809
GEST. ZU
LEIPZIG
AM
4. NOV.
1847

Dresden-Tolkewitz
Urnenhain mit Krematorium

Für die Kirchengemeinden der Kreuz- Frauen- und Johanniskirche wurde 1881 im Tolkewitzer Tännicht der Johannisfriedhof angelegt, an den seit dem Jahr Jahr 1911 ein Kramatorium mit Urnenhain angrenzte. Dieses Krematorium weist auf die wachsende Akzeptanz der Feuerbestattung zu Beginn des 20. Jahrhunderts hin. Friedhofsplaner sahen in der Urnenbeisetzung eine Möglichkeit, das Erscheinungsbild der Friedhöfe im städtebaulichen Sinn zu vereinheitlichen und Grabstätten zu regulierten Grabfeldern zu machen.
»Der ästhetisch unbefriedigende Anblick der regellos aufgestellten Steine« war Ansatzpunkt der Kritik. Deswegen wurden beim Aschengrabmal bodenbedeckende Pflanzungen verordnet, die einen ästhetisch homogenen Gesamteindruck vermitteln sollten. Der Dresdner Stadtbaurat Paul Wolf schlug vergeblich ein zentrales Monument anstelle einzelner Urnengräber vor, konnte aber den 7 ha umfassenden Urnenhain als Gesamtkunstwerk im Sinne des Jugendstils zusammen mit Willy Meyer verwirklichen.
Als Problem erwies sich auch die Architektur der Krematorien. Man wollte von historistischen Architekturformen, wie beispielsweise in Gotha ebenso Abstand nehmen wie von einer sakrale Bezüge vermittelnden Architektur des Krematoriums, die etwa das Bauwerk in Hagen von Peter Behrens (1868–1940) aufwies.
Architekt Fritz Schumacher (1869–1947) aus Hamburg löste in Dresden das Problem, indem er einen mehrschalig wirkenden Sandsteinbau über ovalem Grundriß mit flacher Kuppel errichtete, dessen Schaufront sich im Wasser eines Teiches spiegelt. Eine äußere Schale wird durch den rustizierten Sockel gebildet, auf dem die kolossal überhöhten bis in den Kuppelbereich aufgeführten Portalpfeiler erwachsen, ebenso die seitlich angeordneten Lisenen. Zu dem Eingang führt eine geschwungene zweiläufige Treppenanlage, an der Rückseite verbindet ein ebenso mächtiger über den Bau hinweggeführter und diesen rahmender Querriegel zwei niedere Turmstümpfe. Dahinter liegt die zweite und stufenartig eingetiefte, aus glattem Sandstein gebildete Mauerschicht. An der Rückseite ist diese Wand konvex gerundet und mit Dreiviertelsäulen zwischen Fensterbahnen geschmückt, während die eingetieften Glasflächen die vierte Abstufung des Mauerwerks bilden. Der bauplastische Schmuck stammt von Georg Wrba (1872–1939)
Die Anlage hat kein historisches Vorbild, sondern stellt sich als Neuentwicklung dieser Bauaufgabe dar. Funktionale technische Anlagen für die Feuerbestattung sind in der Architektur verborgen; statt dessen wird das Ereignis des Todes mit Hilfe ästhetisch- mythologischer Motive gerade im hallenartigen Inneren und auch durch den Zeichen setzenden Außenbau als eine säkularisierte, verweltlichte Zeitlosigkeit interpretiert.
Das Krematorium ist von einem ornamental verstandenen Wegesystem umgeben, das unregelmäig große Belegungsbereiche umgrenzt. Ein großes und kleines Rosarium und andere Felder sind ausgewiesen. An der Mauer zum Johannesfriedhof wurde 1926 nach Plänen von Paul Wolf die mehrhöfige Anlage des Kolumbariums errichtet. Viele Bildhauer des Jugendstils haben Grabmonumente geschaffen, etwa 1914 Hugo Lederer (1871–1940) trauernde Hünen für das Grab der Familie Roesch oder Paul Hempel (1848–1921) um 1910 für das Familiengrab Manß/Berndt.

Berühmte Persönlichkeiten:

Gotthardt Kuehl (1851–1915), Maler

Oskar Seyffert (1862–1940), Gründer des Dresdner Volkskundemuseums

geb. 14. Okt. 1872.
gest. 6. März 1918.
Markitta Manß
geb. Anderlik
+17.8.1877 +2.3.1952.
Johanna Manß
+27.5.1906 +27.2.1948
Eva Berndt
geb. Manß
+8.9.1903 +5.1.1985
Elfriede Manß
geb. Crahmer
MORITZ PAUL
HARTWIG
*1·9·1893 +8·3·1964
FLORA RENITZ
*4·9·1898 +9·5·1980

Frankfurt, Hauptfriedhof

Der Hauptfriedhof Frankfurts hatte nach vielen Erweiterungen seit seiner 1828 von Stadtgärtner Sebastian Rinz erfolgten Anlage als englischer Garten im Jahr 1957 die Größe des von Wällen umgebenen mittelalterlichen Stadtgebietes erreicht.
Zu Beginn des 19. Jahrhundert reichte der vorhandene Platz im Peterskirchhof angesichts der wachsenden Bevölkerung nicht mehr aus. 1812 war ein Familiengrab nur noch verfügbar, wenn eine andere Familie ausgestorben war. Die Suche nach einem passenden Gelände war schwierig. Befürworter der Verlegung waren Ärzte, die eine Trennung der Lebenden und Toten anstrebten und vor der von faulen Ausdünstungen verwesender Leichname geschwängerten Luft eindringlich warnten. Dazu kam die allmähliche Abkehr von einem christlich geprägten Lebensbild hin zu liberalen und nationalen Vorstellungen. Deswegen beriefen sich viele Frankfurter auf die »weisesten Verordnungen römischer Gesetzgeber«, die das Beisetzen innerhalb der Siedlungen verboten hatten. Der Streit um die Verlegung des Friedhofs war letztlich eine Auseinandersetzung um weltanschauliche Positionen. Traditionsverhaftetes Patriziat stand den Intellektuellen und Naturwissenschaftlern gegenüber.
Nach langer Platzsuche, die an den Bestimmungen der Napoleonischen Begräbnisordnung ausgerichtet war, fand man ein entsprechendes nach Norden gerichtetes hoch liegendes Terrain, wo frei wehende Winde die Luft reinigen können. Die auf dem neuen Friedhof am 1. August 1828 erstbestattete Tote war die 52-jährige Witwe Maria Catharina Alewyn (1776–1828). Entsprechend der Ausrichtung an antiken Vorbildern führte ein von Friedrich Rumpf (1795–1867) projektiertes Portal, dessen Mittelbau eine von dorischen Säulen unterteilte Durchfahrt mit einem mächtigen Dreiecksgiebel besitzt, in den englischen Park. Man suchte so der Vorstellung von der Rückkehr des Toten zur Natur in einer sentimental wirkenden und träumerischen Todeslandschaft mit entsprechender Bepflanzung gerecht zu werden. Der sich im Osten anschließende jüdische Friedhof in der Rat-Beil-Straße besaß ein ähnlich gestaltetes, aber kleineres Eingangsmotiv. Unter den Gräbern der Biedermeierzeit in der ersten Hälfte des 19. Jahrhundert sind nahezu sämtliche aus der Antike überlieferte Grab- und Sarkophagtypen enthalten bis hin zur Übernahme von Elementen der griechischen bzw. spätantiken römischen Tempelarchitekturen. Besonders verbreitet ist die mit reichem Dekor versehene Stele. Insbesondere fallen auf diesem Friedhof die zahlreichen Darstellungen des geflügelten Todesgenius Thanatos auf, die als Typus auf literarische Vorlagen zurückgehen. Seine Attribute sind die umgestürzte oder gesenkte Fackel als Symbol des erlöschenden Lebens und der Mohnkapselnkranz. Aber auch mit Tüchern drapierte Pfeilerstümpfe oder abgebrochene, in den Himmel ragende Säulenstümpfe sollen die gebrochene Lebenskraft illustrieren, zumal die Säule als Sinnbild dieser Kraft angesehen wurde. Die Vergänglichkeitssymbolik äußert sich auch in als Ruinenarchitekturen gestalteten Gräbern. Christliche Motive sind seltener anzutreffen, etwa eine heilige Caecilia nach dem Vorbild des 1515 geschaffenen Gemäldes von Raffael (1483–1520) mit dem gesenkten Orgelpositiv, nunmehr der himmlischen Musik lauschend für das bereits der Neugotik verpflichtete Wandgrab eines Komponisten. Eine Arkadenreihe an der Ostwand enthält Familiengrabmäler. Oft zeigen sie den Verstrobenen inmitten seines Lebenswerkes, einer Fabrikanlage beispielsweise, oder es ziert statt einer christlichen Schutzpatronin die Allegorie der Industrie mit Eisenzahnrad die Grabstätte.

Berühmte Persönlichkeiten

u.a. Theodor W. Adorno (1903–1969), Philosoph
Johann Philipp Bethmann (1715–1793), Bankier mit Relief von Berthel Thorvaldsen
Paul Ehrlich (1854–1915), Mediziner
Anselm von Feuerbach (1775–1833), Jurist
Heinrich Hoffmann (1809–1894), Mediziner, Verfasser des Struwwelpeters
Arthur Schopenhauer (1788–1860), Philosoph

Gotha, Hauptfriedhof mit Krematorium

Seine Bedeutung verdankt der Hauptfriedhof von Gotha einem außerordentlichen Ereignis. In der kleinen, liberal regierten thüringischen Residenz fand am 10. Dezember 1878 die erste Leichenverbrennung in einem deutschen Krematorium statt. Der Ofen war für das Krematorium auf der Basis des Regenerativ-Verfahrens von Friedrich Siemens (1826–1904) als Heißluftofen konstruiert worden. Die Einäscherung findet dort in hocherhitzter Luft statt, Flammen können nicht in den Verbrennungsraum gelangen. An der Konstruktion des Ofens war neben Siemens Ingenieur Richard Schneider in leitender Stellung beteiligt, der später ein »Bureau für technsiche Feuerungsanlagen« in Stettin betrieben hat.

Für einen Teil der Zeitgenossen bedeuteten Bau und Betrieb einer Verbrennungsanlage einen massiven Eingriff in die Pietät und einen Sieg von Indifferentismus und Materialismus über die christlich geprägte Friedhofskultur. Für Andere war die Überlassung der Leiche einer hochtechnisierten Anlage anstelle der Natur ein pragmatischer Vorgang, der mit geringerem Raumbedarf bei einer Urnenbeisetzung einherging und damit eine Entstpannung in der Raumfrage bei den städtischen Friedhöfen versprach, zumal die Bevölkerungszahl dort ständig zunahm. Man sah mit dem Philosophen Ludwig Feuerbach im Tod lediglich das Ende des Lebens, die Grenze des Denkens und Vorstellens erreicht. Die ethischen Vorstellungen, die der Feuerbestattung zugrunde lagen, verbanden sich mit der Gewißheit eines unaufhaltsamen Fortschritts der Naturwissenschaften und der Technik. Bereits 1855 hatte sich der Mediziner Johann Peter Trusen für eine obligatorische Leichenverbrennung eingesetzt. Zu Beginn der 70er Jahre organisierten sich die Verfechter der Leichenverbrennung in Feuerbestattungsvereinen, die sich in Gotha, Dresden, Hamburg und Frankfurt bildeten.

Gleichzeitig entwickelten diese Vereine eine eigenes Ritual der Leichenverbrennung, denn die Vorstellungen bürgerlicher Kreise von einer Trauerfeier waren traditionell geprägt. Das Problem lag in den notwenigen Anlagen, die sowohl dem zeremoniellen Bedürfnis einer Trauerfeier als auch den technischen Einbauten eines leistungsstarken Ofens dienen mußten. Besonders einfallsreich mußte dabei der Schornstein verborgen oder in die Anlage möglichst effektvoll einbezogen werden.

Charakteristischerweise dominieren am Außenbau des Krematoriums in Gotha die in Neurenaissance errichteten Gebäude und kaschierten den technischen Kern der Anlage. Es ist eine durch gedeckte Pfeilerhallen verbundene, dem italienischen Villenstil der Renaissance nachempfundene Anlage entstanden. Betritt man aber das Innere der Urnenhalle, wird diese von einer Eisen-Glas-Konstruktion überfangen, die auf dem umlaufenden mächtigen Architrav der Pfeilerhalle ruht. An den Wänden stehen auf Postamenten die Urnen aufgereiht.

Man hat sich dabei an die modernen Kristallpaläste und Gewächshäuser angelehnt. Durch diesen Kunstgriff konnte man die in dem Gebäude notwendige Doppelfunktion aus Repräsentation und Technik mit der bereits im 19. Jahrhundert aus der Eisenkonstruktion entwickelten Ausstellungs- und Gartenarchitektur (!) adäquat ausdrücken. Man fand so eine Möglichkeit, die »erhebende Wirkung der Lichtidee«, die »immanente Poesie« eines Glaspalastes oder einer Gewächshalle für exotische Pflanzen in den Ernst und das feierliche Pathos einer Urnenhalle zu übertragen.

Berühmte Persönlichkeiten

Bertha Freifrau von Suttner (1843–1914), Dichterin

Halle, Stadtgottesacker

Der Stadtgottesacker in Halle wurde am Fuß des Martinsberges getrennt von dem rund um eine Kirche gelegenen Begräbnisplatz 1557 von Nickel Hoffmann (ca. 1500–1589) angelegt und zählt damit zu den frühesten Beispielen eigenständiger Friedhofsarchitektur losgelöst von dem Kirchengebäude. Gerade in Halle erweist sich dieser Friedhof als umittelbare Folge der Reformation, denn bereits 1529 wurde auf dem Martinsberg ein Friedhof an der Stelle angelegt, welcher während der Pestepidemien um 1350 und 1450 als Besatttungsplatz diente. In einer ersten Beschreibung des Friedhofs im Jahr 1674 von J. G. Olario, daß man »bey gesegneten Fortgang der neuen Religion auch das volck und die bürgerschaft dieser Stadt sich vermehret, hat man die alte Weise, das Begraben auf die Kirchhöfe in der Stadt aufgehoben u. diesen schönen gegen Morgen wohlgelegenen erhabenen Platz... zum allgemeinen Coemeterio dieser Stadt zuzurichten angefangen... «

1563 wurde der Friedhof erstmals erweitert und in der Folgezeit mit der vierseitigen Arkadenanlage umgeben. Halle kann belegen, daß seine ursprüngliche Anlage nicht, wie bisher gewöhnlich zu lesen ist, von italienischen Camposanto- Friedhöfen abhängig ist, sondern sich als selbständig entwickelte Übergangsform vom mittelalterlichen Kirchhof zum Friedhofsareal erweist. Wohl ist die Architekturform der Arkaden von italienischen Vorbildern angeregt, nicht aber die Gesamtanlage des Friedhofs.

Der Stadtgottesacker besteht aus einem weiträumigen, regelmäßigen Geviert über einem entsprechend der Geländeform leicht verschobenen Rechteck und ist von 94 Arkadenbögen umzogen. In den Arkadenzwickeln wurden ornamentale Reliefs angebracht; der Stil wandelt sich von der Nordseite über die Ost und Südseite allmählich von Hochrenaissance- zu Spätrenaissanceformen. Neben Arabesken und Blattwerk kommen auch Tierdarstellungen vor, an der Südseite dominieren geknotete Bänder als Zierform. Zum Teil sind die Arkaden mit kostbaren, reich verzierten schmiedeisernen Gittern versehen. Der Torturm mit der Laterne wurde 1590 errichtet und enthält ein von Rollwerk gerahmtes, ovales Bildnisrelief des Baumeisters Nickel Hoffmann.

Diese Friedhofsanlage ersetzt die einstigen in den Seitenschiffen der Kirchen aufgestellten Grabmonumente oder Kapellen, so daß einem Grab unter den Arkaden an der Peripherie des Gottesackers einem Grab in der Kirche der gleiche Rang zugewiesen worden ist. Wir wissen von anderen Stadtgottesäckern, wie in Luzern oder vom Cimitère des Innocents in Paris, von dieser Übertragung der Rangstufen. Entsprechend gewährten die Freiflächen im Gottesacker den Bürgern Aufnahme, die kein Privileg für ein Grab im Inneren der Kirche oder des Kreuzganges besaßen.

Jedoch war nun auf einem im Freien angelegten Gelände nicht mehr die Nähe zum Altar in der Kirche für die Rangstufe des Begräbnisplatzes ausschlaggebend im Sinne einer zunehmenden Heiligkeit des Ortes, sondern die gesellschaftliche Stellung des Bestatteten. Deswegen wurden die früher so unbeliebten Randzonen der Kirchhöfe, an denen Selbstmörder und unehrenhaften Berufen Nachgehende beigesetzt worden waren, zu den bevorzugten Plätzen, da die Ausrichtung auf eine kultische Mitte fehlte und nur dort eine sinvoll einzupasssende Funeralarchitektur zu errichten war, die die Grabstätten aus der Masse heraushob. Diese Wahl prunkvoller Gräber an den Friedhofsmauern hat sich bis in die Gegenwart fortgesetzt. Man kann dies als das sichtbarste Zeichen eines Verlustes der Mitte bei der Ausprägung der Bestattungskultur der Neuzeit nennen.

Berühmte Persönlichkeiten

August Hermann Francke (1663–1727), Theologe

Richard Volmann (1830–1889), Mediziner

Hamburg-Ohlsdorf,
Zentralfriedhof (sog. Parkfriedhof)

Am Oberlauf der Alster wurde der erste überkonfessionelle Stadtfriedhof in Hamburg angelegt und 1877 eröffnet. 1897–1913 wurde das weit ausgedehnte Areal von 400 Hektar von J. W. Cordes (1840–1917) als Landschaftspark angelegt, in den Gräber und Mausoleen im größten Gräberfeld der Welt eingebettet sind. Die Anlage des Friedhofs wurde auf der Weltausstellung des Jahres 1900 als Beispiel deutscher Gartenkunst ausgezeichnet.
Man kann diesen Großstadtfriedhof als landschaftsgestaltendes Gesamtkunstwerk ansprechen, in dem Verbindungen zwischen Natur und Kunstwerken und Kunstwerken zur Natur aufgezeigt werden. Sein Grundkonzept basiert auf der geschwungenen Linie, letztlich eine unmittelbare Folge des hügeligen Terrains an dieser Stelle, wollte man tiefgreifende Eingriffe vermeiden. Versteckte Teichanlagen, Bachläufe, zu denen verschlungene Pfade führen und eine abwechslungsreiche, die einzelnen Bereiche kennzeichnende Bepflanzung schufen bunte Vielfalt. Dahinter steckte aber auch typisch hamburgische Rationalität, denn man verband auf diese Weise den Friedhof mit einem botanisch-geologischen Garten. Ferner suchte man in pädagogischer Absicht moralisch- belehrende Ansichten über Leben und Tod, Natur und Kunst zu vermitteln. Cordes schrieb: »Der Friedhof soll nicht eine Stätte der Todten und der Verwesung sein. Freundlich und lieblich soll alles dem Besucher entgegentreten... In der richtigen Vereinigung von Architektur, Sculptur und Landschaftsgärtnerei liegt ein weiter Spielraum für die Phantasie...« Damit reiht sich dieser Friedhof in die Reformbestrebungen vor dem Ersten Weltkrieg ein.
Die Anlage enthält einen Waldgürtel, der sich als beliebtester Bestattungsort der Hamburger erwies und wo entsprechend hohe Gebühren für einen Bestattungsplatz verlangt werden konnten. Hier entstanden keine Reihengräber, sondern meist aus Felsen und Findlingen bestehende Grabsteine. Die Reihengräber sind meist hinter Anpflanzungen und hinter repräsentativen Grabdenkmalen versteckt.
Einen ganz anders geprägten Charakter weist dagegen der Erweiterungsteil des Friedhofs auf, den von 1919 an Otto Linne nach Osten durchführte. Hier mußte der Forderung nach intensiverer Platzausnutzung Rechnung getragen werden, und wurde deswegen nach einem geometrischen Achsensystem beinahe städtebaulich ausgerichtet. Das Wegesystem orientiert sich an architektonischen Grundrissen. 1923 wurde ein »Muster- Grabmalgarten« für Urnenbeisetzungen angelegt. Außerdem existiert an der Kappellenstraße ein Ämtersteinmuseum und am Heckengarten ein Freilichtmuseum für die Aufstellung von Grabdenkmalen historisch wichtiger Persönlichkten oder künstlerisch wertvoller Grabsteine, wenn das Nutzungsrecht der Gräber abgelaufen ist. Ein Althamburger Gedächtnisfriedhof nimmt die Gräber besonders verdienstvoller Mitbürger auf.
Unter den von Fritz Schumacher (1869–1947) geschaffenen Anlagen auf dem Friedhof zählt neben dem 1928/32 errichteten Krematorium mit der reichen keramischen Ausstattung von Richard Kuöhl (1880–1961) die Kapelle XIII 1927/28 als klinkerverkleideter Zentralbau mit kupfergedeckter flacher Kuppel und einem wie ein Gewölbe aufsteigendem Stahlgerüst im Inneren zu den bemerkenswerten Beispielen expressionistischer Friedhofskunst. In der Nähe dieser Kapelle wurde auch das Totenmal der Hamburger Bombenopfer von Gerhard Marcks (1889–1991) aus dem Jahr 1948/51 mit der archaisch stilisierten Totenfähre Charons aufgestellt.

Verwaltungsgebäude, erbaut von J. W. Cordes, dem Gründer des Friedhofs

Berühmte Persönlichkeiten

Hans Albers (1892–1960), Schauspieler
Albert Ballin (1857–1918), Reeder
Wolfgang Borchert (1921–1947), Dramatiker, Dichter
Hans von Bülow (1830–1894), Dirigent
Julius Campe (1792–1867), Verleger
Gustav Gründgens (1899–1963), Schauspieler, Intendant
Carl Hagenbeck (1844–1913), Tierparkgründer
Alfred Kerr (1867–1948), Kunstkritiker
Felix Graf von Luckner (1881–1966), General
Philipp Otto Runge (1777–1810), Maler
Aby Warburg (1866–1929), Kunstphilosoph

MARTENS

PREUSS
GERHARD
WILLY

Heidelberg, Bergfriedhof

Berühmt ist der wegen seiner landschaftlichen Hanglage entsprechend bezeichnete Bergfriedhof in Heidelberg. Am 18. September 1844 wurde er in einer für die erste Hälfte des 19. Jahrhundert bezeichnenden interkonfessionellen Feier von dem katholischen Dekan Nüßle und dem evangelischen Dekan Dreuttel eingeweiht. Es war wegen des Neckarlaufes nicht möglich gewesen, einen Friedhof wie damals üblich auf der Nordseite der Stadt anzulegen.
Im Auftrag des großherzoglichen Oberamtes suchte die Gartenbauinspektion einen geeigneten Platz und schlug ein westlich vom Neckarhafen gelegenes Gelände vor, das auch den Pulverturm an der Fahrtgasse miteinbeziehen sollte. Der Stadtrat verbat sich jedoch die Einmischung des Oberamtes und setzte 1839 eine Kommission des Gemeinderates ein, die die Gegend »an der Steige« mit einem Hügel vorschlug, »von wo sich dem Auge eine der schönsten Aussichten in das gesegnete Rheintal eröffnet«.
Das gärtnerische Konzept für den einst von Weinbergen bedeckten Hang erarbeitete Gartenbaudirektor Johann Metzger (1772–1844), der sich ganz von geographischen Gesichtspunkten und nicht von irgendwelchen anderen Vorbildern leiten ließ. Sicher floß die Vorstellung des romantischen Landschaftsgartens in die Planung mit ein. Metzger kam es aber auf die liebliche Idylle, nicht auf die melancholische Stimmung an. Er suchte zu verhindern, daß Gräber als »häßliche Hügel« erscheinen, sondern im Gegenteil als »gepflegte Blumenkästen«.
In die Vorstellungen dieses Friedhofs flossen biedermeierliche Ideen ein, die in der Betrachtung der Natur das Werk Gottes walten sahen. Folgerichtig sollte mit dem Naturerlebnis ein Bild der Ewigkeit gezeichnet werden, das die Anschaulichkeit der Natur nutzte. Auf dem Friedhof beabsichtigte man, die Transzendenz in der Natur offenzulegen. Es sei nur auf die Wald- und Felsenandachten romantischer Dichter, wie Wilhelm Heinrich Wackenroder (1773–1798), Ludwig Tieck (1773–1853) und Philipp Otto Runge (1777–1810) verwiesen. Die Konsequenz zeigt sich im Interkonfessionalismus bei der Einweihung und Belegung, weil in der Natur durch die denkmalhaften Kunstwerke nicht nur Mauern durchschritten, sondern auch Konfessionsgrenzen gesprengt werden konnten. Ein eigens angestellter Aufseher sollte für die den Charakter des Friedhofs bewahrende Anpflanzung sorgen.
Entsprechend zeigten die Gräber um die Jahrhundertmitte des 19. Jahrhunderts auf dem Friedhof eine milde, sanfte und friedvolle Vorstellung in der auf den Steinen dargestellten Totensymbolik. Ein sanft lächelnder Engel hält zum Beispiel ein Stundenglas. Den hohen Bildungsstand der Universitätsstadt verkörpern viele antike Mythen illustrierende Gräber. Für den Altphilologen Albert Dietrich wurde das Grabdenkmal einem antiken Weiherelief nachgebildet und mit dem Relief einer sinnenden Pallas Athene versehen. Auch Gustav Radbruchs (1878–1949) Familiengrabstätte zeigt eine Kopie des attischen Reliefs der sich auf ihren Speer stützenden Göttin Athene. Zwei Sphinxen bewachen das Mausoleum der Familie Philipp Bartholomae mit der allegorischen Frauenfigur der Pax, ein Werk des Bildhauers Raffaello Romanelli (* 1856). Als Kolonnade wurde die Grablege des Neurologen Johann Hoffmann (1857–1919) angelegt und so das Element der Ruine bzw. des Architekturfragments im Landschaftsgarten eingefügt. 1925 schuf Peter Behrens (1868–1940) die mächtige in der Art eines Altarstipes geformten mit Adlerreliefs an den Ecken verzierte Grabtumba für Reichspräsident Friedrich Ebert (1871–1925).

Berühmte Persönlichkeiten

u.a. Friedrich Ebert (1871–1925), Reichskanzler

Wilhelm Furtwängler (1886–1954), Dirigent

Friedrich Gundolf (1880–1931), Literaturhistoriker

Max Weber (1864–1920), Philosoph

Herrenhut, Gottesacker der Brüdergemeinde

Vorbildhaft für den würdevollen Umgang mit den Toten in der Gesellschaft des 18. Jahrhunderts galt der Begräbnisplatz der »Brüdergemeinde« in Herrenhut. Die religiöse Bewegung ging vom Gut des Grafen Nikolaus Ludwig von Zinzendorf (1700–1760) aus, der am Abhang des Hutberges mitten in der sächsischen Lausitz mährische Religionsflüchtlinge auf dem Boden des Berthelsdorfer Gutes Aufnahme gewährte. Aus der kleinen Exulantensiedlung entwickelte sich der Stammsitz der Evangelischen Brüder Unität, auch Herrenhuter Brüdergemeinde genannt. Ziel dieser Gemeinschaft war, ihr Leben am urchristlichen Gemeindeideal auszurichten und mit der Nachfolge Christi Ernst zu machen. Die Wirkungsfelder reichten von einer sozial bestimmten Wirtschaftsgestaltung, welche der Straßburger Kaufmann Abraham Dürninger (1706–1773) mit dem Aufbau eines brüderlich, genossenschaftlich organisierten Großunternehmen zu großer Blüte brachte, bis hin zur Aufgabe der Heidenmission.
Unter dem Leitgedanken Zinzendorfs »Die Einfachheit wird allemal den Preis« erhalten, entstand eine kleine barocke Siedlung mit einem zentral gelegenen Gemeindesaal, Wohnbauten und dem Gottesacker. Dieser Grundsatz der Einfachheit und Gleicheit aller reichte von der Kleidung bis zur Gestaltung des Friedhofs im Jahr 1730. Die ebenerdig liegenden Grabsteine sind alle in Größe und Gestalt gleichförmig gebildet, so wie die Beigesetzten als Lebende in Gleicheit an der brüderlichen Gemiende Anteil hatten. Die Grabstätten waren in streng rechteckig unterteilten aus baumbestandenen Rasenflächen bestehenden Quartieren angeordnet. Ursprünglich wurden die Mitglieder der Gemeinde entsprechend ihrer Sitzordnung, die sie im Betsaal zu Lebzeiten eingenommen hatten, auf dem Friedhof bestattet. So entstanden nach Geschlechtern unterteilte Bereiche für Kleinkinder, Kinder, Jugendliche, Ledige, Verheiratete und Verwitwete. Seit Ende des 18. Jahrhundert wurde nur noch nach Geschlecht und Todesdatum unterschieden. Nach dem Tod des Gründers haben sich die verschiedenen inzwischen gebildeten Brüdergemeinden in Synodalbeschlüssen immer wieder mit dem Friedhof befaßt. Auf der Synode von Barby 1769 wurde ebschlossen, »daß wir in der Gemeinde nicht trauern und die Trauerkleider unter uns abgeschafft sind, die Landestrauer ausgenommen.« An der Synode nahm auch Johann Wolfgang von Goethe (1749–1832) teil, der die Bewegung aus seiner Bekanntschaft mit Fräulein von Klettenberg kannte. In den Wahlverwandtschaften (II/1) läßt er seine Romanheldin Charlotte die Idee eines Friedhofs entwickeln, deren Ästhetik von der Herrenhuter Brüdergemeinde abgeleitet ist: »Wir erinnern uns jener Veränderung, welche Charlotte mit dem Kirchhofe vorgenommen hatte. Die sämtlichen Monumente waren von ihrer Stelle gerückt und hatten an der Mauer, an dem Sockel der Kirche Platz gefunden. Der übrige Raum war geebnet. Außer einem breiten Wege, der zur Kirche und anderselben vorbei zu dem jenseitigen Pförtchen führte, war das Übrige alles mit verschiedenen Arten Klee besät, der auf das schönste grünte und blühte, so daß man statt der holprigen Grabstätten einen bunten Teppich vor sich sah.«
Dieser Friedhof beeindruckte auch andere Dichter, wie Jean Paul (1763–1825) und Friedrich Hölderlin (1770–1843), der am 20. April 1795 in einem Brief die Menschlichkeit in der zugrundeliegenden Gestaltung rühmte. Das öffentliche Interesse zeigt sich auch in der Nachahmung auf dem Neuen Begräbnisplatz in Dessau, dem Sadebeckschen Friedhof in Reichenbach an der Eule und dem Bremer Doventorsfriedhof.

Köln-Melaten

An der westlichen Peripherie Köln lagen die Richtstätte und ein 1180 bereits erwähntes Leprosenhaus, dessen von der Öffentlichkeit isoliert lebende Bewohner, die Maladen = Kranken genannt wurden. 1767 wurde diese Anstalt geschlossen. Am 13. Juli 1797 ist die letzte öffentliche Hinrichtung des Kirchenräubers Peter Eick am Galgen protokolliert.

Am 29. Juni 1810 wurde an dieser Stätte der neue Friedhof Kölns feierlich eröffnet. nach einem glanzvollen Festzug von St. Aposteln nach Melaten unter Teilnahme der französischen Beamten und der städtischen Behörden segnete der Dompfarrer das Friedhofsareal. Für die Standortwahl sprach das ausreichend vorhandene Areal für eine Stadt mit 45 000 Einwohnern.

Die Anlage des Friedhofes besaß unter den Zeitgenossen Mustercharakter für einen klassizistischen Friedhof, dessen Bereiche rasterförmig angelegt worden sind, so daß die Wege senkrecht oder parallel zueinander verlaufen. Der Plan für die Bepflanzung wurde von dem aus Düsseldorf stammenden Gartenkünstler Maximilian Friederich Weyhe (1775–1846) entworfen. Zahlreiche Erweiterungen wurden durch das Wachstum der Großstadt notwendig, wobei man die ursprüngliche Rasterform beibehielt. Erst 1884 bei dem »neuen Friedhof« ließ man sich von der Idee des amerikanischen Parkfriedhofes leiten, übernahm aber nicht die kurvigen Wege und behielt rechtwinklige Kreuzungen bei.

Berühmt wurde Melaten durch die auf den beiden Hauptwegen verlaufenden, vom Volksmund entweder neidvoll als »Rennbahnen des Ehrgeizes« oder als »Millionenallee« getauften Hauptwege, an denen sich die prunkvollen Grabanlagen, aber an der ersten Wegekreuzung auch das Kriegerdenkmal von 1866 befinden.

Melaten bietet einen reichhaltigen Überblick über die Möglichkeiten der Friedhofsarchitekturen und Grabdenkmale. Dabei zeigt sich in Köln um die Jahrhundertmitte der Übergang von der klassizistisch geprägten Grabmalform zur Neugotik, nicht zuletzt inspiriert von dem 1840 gefaßten Entschluß zur Vollendung des Kölner Domes. Gerade kirchentreue, katholische Familien demonstrierten so während des Kulturkampfes in Rheinpreußen, zu dem Köln nach dem Wiener Kongreß gehörte, ihre ultramontane Treue zur römischen Kirche. Dabei muß das Wirken des Kölner Juristen August Reichensperger (1808–1865) und des Bildhauer Christoph Stephan (1797–1864) als Propagandisten der Neugotik berücksichtigt werden. Ab 1870 fand der Bautypus des Mausoleums zunehmende Verbreitung auf dem Friedhof Melaten, während repräsentative Baldachin- und Tabernakelgräber bereits vor der Jahrhundertmitte errichtet worden waren.

Zahlreich sind Figurengräber von bekannten einheimischen Bildhauern. Der schon erwähnte Christoph Stephan schuf 1833 für Peter Josef Fischer (1807–1833) neugotische Kreuzwegstationen, die auf Pfeilern als Relieftafeln in einem profilierten Rahmen eingetieft waren. Dombildhauer Christoph Mohr (1825–1888) gestaltete das Wandgrabmal mit von zwei Engeln flankierter Christusfigur für Clemens Schmits (1783–1855). Realistische Figuren auf Denkmalssockeln, besonders dasjenige der Kunstsammler Wallraf (1748–1824) und Richartz (1795–1861) von 1861 in der Art des 1857 geschaffenen Goethe-Schillerdenkmals schuf Anton Werres (1830–1900). Der produktivste Grabmalplastiker auf Melaten war Wilhelm Faßbinder (1858–1915). Sein Werk reagiert auf den jeweiligen Zeitgeschmack und wandelt sich von der Neugotik über Neobarock bis zum Jugendstil.

Berühmte Persönlichkeiten

u.a. Wilhelm Albermann (1835–1913), Bildhauer
Joseph Bachem (1821–1893), Verleger
August Broichschütz (1822-1874), Schlossermeister, erhielt von seinen Angehörigen einen umgebauten alten Säulenofen als Grabmal(!)
Wilhelm Ludwig Deichmann (1798–1876), Bankier
René Deltgen (1909–1979), Schauspieler
Marcus Dumont (1784–1831), Zeitungsverleger
Johann Carl Farina (1758–1844), Fabrikant
Maria Clementine Martin (1775–1843), Klosterfrau-Melissengeistherstellerin
Peter Milowitsch (1880–1945), Schauspieler
Hermann Otto Pflaume (1830–1901), Architekt
Ernst Friedrich Zwirner (1802–1861), Dombaumeister

HIER RUHT
JMMENDORF
UND
JACOB
JMMENDORF
GEB. 7. JULI 1885
GEST. 24. JULI 1966
MEIN UNVERGESSLICHER
P. JOS. FRÜH
GEB. 27. JANUAR 1862
GEST. 22. OKTOBER 1915
UND UNSERE INNIGST
GELIEBTE MUTTER
GERTRUD FRÜH
GEB. KOENEN
GEB. 8. MÄRZ 1861
GEST. 28. DEZ. 1930
MEINE INNIGSTG. FRAU
MEINE LIEBE MUTTER
U. SCHWIEGERMUTTER
CHRISTEL
JMMENDORF
GEB. FRÜH
GEB. 17. MAI 1892
GEST. 12. AUG. 1941
PETER JOSEF
RUHESTÄTTE DER FAMILIE FRÜH

München

Alter südlicher Friedhof (Camposanto)

1563 war der Stadt München durch Herzog Albrecht V. dem Großmütigen (1528–1579) befohlen worden, wegen der steigenden Einwohnerzahl und der in der Stadt gerade wütenden Pest ein vor dem Sendlinger Tor gelegenes Gelände zur »Erpauung und Zurichtung eines Gotsackers« zu erwerben. 1567 wurde auch eine eigene Friedhofskapelle St. Salvator errichtet. 1588 kam das Meßnerhaus hinzu. Wegen der gestörten freien Verteidigung mußten Kirche und Friedhofsmauer niedergelegt werden. Erst 40 Jahre später durfte erneut eine Friedhofskapelle diesmal zu Ehren des hl. Stephan auf den alten Fundamenten errichtet werden.

Als 1788 Bestattungen innerhalb der die Stadt umgebenen Ringmauern Münchens verboten worden waren, wurde der Südfriedhof erster Kommunalfriedhof Münchens. Nach Aufhebung der fortifikatorischen Anlagen konnte das Areal erweitert werden. Johann Michael Christian Gustav Vorherr (1778–1848) reichte 1817 seine Pläne ein. Er wählte als Grundriß die ungewöhnliche Gestalt eines Sektors. In zeitgenössischen Beschreibungen wird an die Form eines antiken, mit Mauern umschlossenen Sarkophages erinnert (sic!). Ein halbrunder Arkadengang nimmt die Gräber vornehmer Familien auf. In seinem Scheitelpunkt wird das Leichenhaus projektiert. Der zurückversetzte Bau ist von einer niederen, außen mit Pappelreihen umgebenen Mauer eingefaßt, das Areal mit einer Rasenfläche eingesät. Ein fächerförmiges, Koordinatensystem mit Längs- und Querwegen unterteilt achzehn Gräberfelder. Das Halbrund gliedern fünf von einem Brunnen ausgehende Radialwege in vier Sektoren.

1842 erhielt Friedrich von Gärtner (1792–1847) den Auftrag zur Planung der erneut notwendigen Friedhofserweiterung. Er fügte der in sich geschlossenen Gestalt Vorherrs ein eigenes annähernd quadratisches in sechzehn quadratisch bemessene Gräberfelder unterteiltes Gelände an. Er verband es mit dem älteren Teil durch einen überkuppelten Gelenkbau. Dieses Begräbnisfeld wurde von einem Arkadengang mit 189 Abteilungen umgeben, der im Zweiten Weltkrieg fast vollständig zerstört und von Hans Döllgast (1891–1974) stark vereinfacht wiederaufgebaut wurde. Hier konnten bis zu 200 Gruftgrabstätten untergebracht werden. Die Architektur und die Grabdenkmale waren hier aufeinander bezogen. Die Ausstattung der Arkaden mit Majolikafußboden und gußeisernden Dachträgern signalisierte den Abwechslungsreichtum der einzelnen Formen, den auch die Grabsteine aufwiesen.

Gärtner schuf das seltene Beispiel eines Camposanto- Friedhof in der ersten Hälfte des 19. Jahrhunderts in Deutschland. Dieser von Italien abgeleitete Typus wurd ein der Sepulkralliteratur des 18. und 19. Jahrhundert als ideal für einen Friedhof geeignete Anlage empfohlen. Man folgte dabei dem Verlangen vornehmer Familien, Begräbnismöglichkeiten für ihre Angehörigen an besonders hervorgehobener Stelle zu schaffen. Außerdem konnten auf diese Weise auch Verdienste jedweder Art durch die Auszeichnnug des Begräbnisplatzes gewürdigt werden. So entstand ein öffentlicher Ehrenplatz und ein Ort der Selbstinszenierung bürgerlicher Schichten. Hat sich auch die Gesamtanlage des Camposanto-Typus, sieht man von Traunstein oder dem Westfriedhof II in Aachen einmal ab, nicht durchsetzen können, wurden doch gerne die Arkadengänge oder ähnliche Anlagen aufgegriffen, wie am Nordfriedhof in München, den 1866–1869 Oberbaurat Arnold Zenetti (1824–1891) anlegte.

Bedeutende Persönlichkeiten

u.a. Ignaz von Döllinger (1799–1890), Theologe
Karl von Fischer (1782–1820), Architekt
Joseph von Fraunhofer (1887–1826), Naturforscher
Friedrich von Gärtner (1791–1847), Architekt
Wilhelm von Kaulbach (1805–1874), Maler
Leo von Klenze (1784–1864), Architekt
Justus von Liebig (1803–1873), Chemiker
Josef Maffei (1790–1870), Unternehmer
Christian Morgenstern (1805–1867), Maler
Max von Pettenkofer (1818–1901), Mediziner
Ludwig von Schwanthaler (1802–1848), Bildhauer
Moriz von Schwind (1804–1871), Maler
Carl Spitzweg (1808–1885), Maler

München
Waldfriedhof (Friedhofsreformbewegung)

1907 konzipierte Hans Grässel (1860–1939) als Gesamtkunstwerk den wirklich ersten Waldfriedhof, bei dem die Natur nicht dem neuen Zweck entsprechend unter Stimmungsaspekten gleichsam mit den Gräberfeldern neu angepflanzt und gestaltet, sondern so beibehalten worden ist, wie sie zuvor bereits in langer Kontinuität auf dem Areal herangewachsen war. Die Gräberfelder ordnen sich den vorhandenen Waldlichtungen und Wegeschneißen unter und sind in den vorhandenen Baumbestand harmonisch eingefügt. Die dadurch entstandene sakral anmutende Feierlichkeit und Stille mündet in um die Jahrhundertwende zeittypische naturschwärmerische Apostrophierungen des Friedhofs als einer »Kapelle der Natur« oder in den emphatischen Ausruf: »Gotteskirche – Der Wald«. Der Tod wird in dieser Auffassung in die Gesetze der Natur als ein schicksalhaftes Werden und Vergehen verstanden.
Durch diesen Friedhof sollte »wahre Pietät« ausgedrückt werden. Dies geschah auch durch die mit Hilfe der Satzung vorgeschriebene Schlichtheit bei der Gestaltung der Grabdenkmäler. Historische Vorbilder fand Grässel auf den Judenfriedhöfen. Die von ihm gezeichneten Musterentwürfe verraten deutliche Anlehnungen. Einzelne Sektionen sind nur bestimmten Materialien vorbehalten, ein Areal mit Holzkreuzen, eines mit Grabsteinen oder ein anderes mit Schmiedeisen. Lediglich größere Familiengräber dürfen, wenn keine Beeinträchtigung vorliegt, größer dimensioniert sein. Durch rigide Bestimmungen werden Pomp und geschmacklose Auswüchse vermieden.
Die Planungsgeschichte verlief freilich nüchterner. 1889 hatte der Magistrat der Stadt Äcker und Waldungen für eine geplante Stadterweiterung erworben und 1898 beschlossen, einen »neuen großen Friedhof... nächst Holzapfelkreuth« anlegen zu lassen. Vermerkt werden die in die Waldbestände durch zu intensiven Holzeinschlag entstandenen großen Lichtungen in diesen Wäldern. Kostengründe sprachen auch für die Anlage des Friedhofs inmitten der Baumbestände, denn ein in den Wald integrierter Friedhof benötige keine repräsentativen Friedhofsbauten. Diese Bescheidenheit äußert sich auch in der Friedhofsarchitektur, etwa der Halle für Trauerversammlungen. Sie lehnt sich eng an die heimatverbundene süddeutsche Bauweise mit der Bevorzugung von Walmdächern an. Sie erweist sich heimischer Art und Sitte angepaßt, doch wurde sie nicht zu einer falschen Idyllik mißbraucht.
Die Anlage kommt den Vorstellungen tonangebender traditionsbestimmter Kreise entgegen. Sie spiegelt auch ein wenig deren Vorlieben, weil sie einen so angelegten Friedhof als Teil ihrer volksverbundenen Kultur als »Güter des Herzens und des Gemütes« (Grässel) begreifen kann. Gestaltet wird das Ganze aus den Wirkmächten von religiösem Brauchtum, Handwerk und Heimatverbundenheit heraus.
Der Münchener Waldfriedhof hatte eine große Breitenwirkung und steht am Anfang der Friedhofs- und Grabmalsreformbewegung nach der Jahrhundertwende. Grässel schrieb dem Münchener Friedhof überrregionale Bedeutung zu und postulierte in Vorträgen die dort vorzufindende »Kultur des guten Geschmacks«. Sie suchte er auf dem Weg der Volksbildung zu verbreiten. Der gebildete Mittelstand müsse die Reformgedanken tragen und aufklärend »allen Bevölkerungskreisen Notwendigkeit und Inhalt einer solchen Reform« nahebringen.

S. 47: Beispiel einer schmiedeeisernen Grabplastik mit symbolischer Darstellung von Sündenfall und Hoffnung auf Erlösung durch den Glauben

Bedeutende Persönlichkeiten

u.a. Otto Julius Bierbaum (1865–1910), Dichter
Theodor Fischer (1862–1938), Architekt
Werner Heisenberg (1901–1976), Physiker
Hugo Junkers (1859k–1935), Flugzeugbauer
Fritz Kortner (1892–1970), Regisseur
Max Reger (1873–1916), Komponist
Franz von Stuck (1863–1928), Maler
Frank Wedekind (1864–1918), Dichter

Nürnberg, Friedhof St. Johannis

Dieser Friedhof geht auf das 13. Jahrhundert zurück, als das in der Nähe gelegene Gutleut- oder Leprosenhaus auf dem Siechkobel seine Toten auf dem Kirchhof der Siechenkapelle St. Johannis beisetzte. Diese Kapelle wurde wohl 1323 erneuert, ihr Chor 1377 angefügt, das Langhaus schließlich 1395 konsekriert. Daneben besaß ihr Kirchhof mehrere getrennt angelegte Begräbnisplätze, so daß hier auch Nürnberger Patrizier beigesetzt werden konnten. Sieben Fußfälle, die Vorläufer der Kreuzwegstationen, führten vom Pilatushaus am Tiergärtnertor zum Johannesfriedhof. Heinrich Marschall von Rauheneck hat sie gestiftet und Adam Krafft (1455–1508/09) mit seiner Werkstatt zwischen 1505 und 1508 frei auf Pfeilern stehend ausgeführt. Dabei wurden die Figuren auf verschiedenen Ebenen vor einem neutralen Grund ausgeführt (stark beschädigt im Germanischen Nationalmuseum in Nürnberg, Reste der Kreuzigungsgruppe im Heiliggeistspital, die Grablegung in der Holzschuherkapelle). Ein großer Kalvarienberg stand am Johannesfriedhof.
Einen Wandel für den Friedhof brachte die Entscheidung der Stadt im Jahr 1518, also noch vor Einführung der Reformation. Man verfügte, veranlaßt von der gerade grassierenden Pest, daß innerhalb der Stadtmauern aus hygienischen Gründen keine Beisetzungen mehr erfolgen durften. So lag es nahe, aus den kleinen Begräbnisplätzen des alten Siechenfriedhofs ein Areal für die Verstorbenen der Sebalder Stadtseite auszuweisen. Man erließ eine präzise Friedhofsordnung, deren strikte Einhaltung bis heute für den einheitlichen Charakter dieses Friedhofs wenigstens in seinen alten Teilen gesorgt hat.
Bis zu Beginn des 19. Jahrhunderts durften nur liegende sarkophagartig gebildete Sandssteinblöcke als Grabdenkmale verwendet werden. Die ersten Beisetzungen erfolgten laut Grabinschriften 1520. Die Steine des 16. Jahrhunderts sind in der Form einfacher Quader gehalten und wurden im 17. Jahrhundert durch Andeutungen von Rollwerk und Volutenprofilen ausgestaltet. Das 18. Jahrhundert läßt die Laibung der Steine schwellen. Auf den Grabsteinen durften Bronze-Epitaphien aufgelegt werden, die in der Regel Inschriften, Wappen, aber auch figürlichen und/oder ornamentalen Reliefschmuck aufweisen. Die Epitaphien sind ein wichtiges Zeugnis der Erzgießerkunst in der Stadt Nürnberg.
1560 wurde das erste aufrecht stehende Grabdenkmal der Familie Müntzer in der Gestalt eines mit Reliefs überreich gezierten Bildstocks errichtet. Über dem von Voluten gerahmten Sockel mit der in Rollwerk eingefaßten ovalen Inschriftenplatte erhebt sich der breite Pfeiler mit einer dramatischen Darstellung der Auferstehung im Geist der Renaissance. Der nur mit dem eng anliegenden Lendenschurz umhüllte Christus steht mit der Siegesfahne und erhobener Hand auf seinem Grabdeckel. Im Hintergrund nähern sich die drei Frauen. Eine Darstellung der Dreifaltigkeit bildet das von einem mächtigen Giebel bekrönte Gehäuse des Bildstocks. Eine mächtige Palme verbindet die Zone der darunter schlafenden Wächter mit der Auferstehungstafel. Die 1395 erstmals bezeugte und 1513 durch Hans Beheim d. Älteren († 1538) neu errichtete Holzschuherkapelle wurde wenige Jahre später in das Friedhofsareal einbezogen und seit 1523 als Grabkapelle der Holzschuher genutzt. Als Nachbildung des Heiligen Grabes zu Jerusalem wurde die Kapelle als zeltdachgedeckter Zentralbau mit einem sich anschließenden Halbrundchor gestaltet. Im Inneren ziert den Kuppelraum ein Sternengewölbe mit Hängerippen. In der Kapelle werden die Totenschilde und Sterbe- und Geschlechtertafeln aufbewahrt.

Bedeutende Persönlichkeiten

u.a. Albrecht Dürer (1471–1528), Maler
Anselm Feuerbach (1829–1880), Maler
Ludwig Feuerbach (1804–1872), Philosoph
Peter Flötner (um 1485–1546), Kunsttischler
Veit Hirsvogel (1461–1525), Glasmaler
Wenzel Jamnitzer (1508–1585), Goldschmied
Willibald Pirkheimer (1470–1531), Humanist
Joachim von Sandrat (1606–1688), Kunstschriftsteller
Veit Stoß (1455–1533), Bildschnitzer
Benedikt Wurzelbauer (1548–1620), Erzgießer

Nürnberg, Friedhof St. Rochus

Zur gleichen Zeit wie der Johannisfriedhof wurde der Rochusfriedhof vor dem Spittler-Tor als Grablege der Lorenzer Stadtseite vom Stadtrat in Nürnberg ausgewiesen und am gleichen Tag wie der Johanniskirchhof am 21. März 1519 geöffnet. Man wählte als Patron den Pestheiligen St. Rochus. Von der Gestaltung und von der künstlerischen Bedeutung her schließt dieser Friedhof an den Johanniskirchhof an.
Nur konnte man auf diesem Gelände nicht auf einen älteren Kirchenbau für eine Friedhofskapelle zurückgreifen. Man fand in Konrad Imhoff einen Patrizier, der sich bereit erklärte, die notwendige Kapelle zu stiften. Übrigens läßt sich auch bei dem Stifter und seiner Familie eine ausgeprägte Rochusverehrung feststellen, denn in St. Lorenz hatten die Söhne des Peter Imhof im Todesjahr ihrs Vaters Hans 1499 den bereits vor 1490 von ihrem Vater gestifteten Rochusaltar nochmals bepfründet.
Nach Verhandlungen mit dem Nürnberger Stadtrat konnte 1520 mit dem Bau begonnen werden. Der Stifter und der Rat der Stadt schlossen einen Vertrag mit dem Stadtwerkmeister Hans Beheim dem Älteren († 1538), daß dessen Sohn Paulus Beheim (Lebensdaten nicht bekannt) den Bau ausführen wird. Er errichtete ein einschiffiges, dreijochiges Langhaus mit Netzgewölbe und einen Chor mit Sternengewölbe. Den darin aufgestellten Flügelaltar stiftete Konrad Imhoff. Der Schrein enthält die Schnitzwerke des hl. Rochus, Sebastian und Martin. Die gemalten Flügel, Arbeiten von Wolf Traut (um 1486–1520) und seiner Werkstatt, zeigen Darstellungen der Rochuslegende, die Außenseite neben St. Martin die Sebastianusmarter. Den nördlichen Seitenaltar stiftete Wilhelm I. Imhoff (1538–1630), den südlichen Seitenaltar die Kinder des Konrad Imhoff. Ein Abendmahl in der nördlichen Seitenkapelle schenkte Hans I. Imhoff der Kapelle.
Die auf dem Friedhof beigesetzten Stifter und ihre Nachkommen ließen in der Kapelle gemalte Epitaphien anbringen. Dieser Brauch, unabhängig von der Grabesstätte stellvertretend im Kirchenraum erhöht über den Köpfen der Gläubigen an den Wänden und Pfeilern anzubringen, kam im 16. Jahrhundert auf. Ein Epitaph bildet in der Regel den oder die Verstorbenen in anbetender Haltung vor einer religiösen Darstellung ab. Dazu kommt eine entsprechende Inschrift. Der Humanismus hatte gerade in Nürnberg besonderen Einfluß auf die stilvolle Abfassung der Inschriften genommen. Der Kunstsammler Hans III. Imhoff (1563–1629) ließ für seinen Vater Willibald und seine Voreltern 1624 die sogenannte Dürersche Stiftungstafel fertigen, welche Kopien nach Dürer (1471–1528) und Jörg Gärtner dem Älteren († 1612) aufweist. Der Maler Johann König (um 1586–1635) schuf 1634 das Epitaph für Andreas III. Imhoff (Lebensdaten nicht bekannt) mit einer Darstellung der Kreuzigung des Apostels Andreas. Wilhelm II. Imhoff (1586–1661) erhielt eine Tafel mit der Errettung der hl. Katharina.
Die ältesten Beisetzungen finden sich im unmittelbaren Umkreis der Kapelle. Die Grabsteine sind westöstlich ausgerichtet, jedoch wurden die Gräberreihen unregelmäßig angelegt. Eine Erweiterung erfolgte 1599 in nördliche und westliche Richtung. Gegen 1693 wurde ein eigener Friedhof für Soldaten angelegt. Da der Lorenzer Stadtteil von seiner Struktur her mehr von Handwerkern denn von Patriziern bewohnt war, weisen unter den etwa 1000 Grabsteinen viele Zunftzeichen und Embleme des Handwerks als Bronzeappliken auf dem Stein auf.

Bedeutende Persönlichkeiten

u.a. Hans Beheim der Ältere († 1538), Baumeister
Johann Pachelbel (1653–1706), Musiker
Lorenz Strauch (1554–1630), Maler
Peter Vischer der Ältere (1460–1529), Erzgießer

Kimmichsche Gruft

S. 52: Grabmal von Barbara Molz auf dem Friedhof in Speyer

Johann Schlesinger, Besuch auf dem Friedhof, 1816 (Ausschnitt)

Speyer, Alter Friedhof, heute Adenauerpark und Neuer Friedhof

1502 stiftete der Speyerer Ratsherr Jost Thiel seinen Garten in der Vorstadt Altspeier für die Anlage eines Armen- und Fremdenfriedhofes. 1516 wurde die spätgotische Kapelle Unserer Lieben Frau vollendet. Dieses Gotteshaus erhielten 1555 die Lutheraner für ihre Gottesdienste. 1597 wurde das Terrain an der Ostseite erweitert und nahm den lutherischen Friedhof auf. Die Katholiken der Stadt wurden seit 1783 im ehemaligen Garten der Elendherberge beigesetzt. Der kleine Friedhof der reformierten Gemeinde befand sich an der Ecke des Allemndgangs und der Wormser Landstraße. Die jüdische Bevölkerung besaß ihren Begräbnisplatz seit 1084 bis zu ihrer Vertreibung ebenfalls in der Vorstadt, 1823 erhielt sie ein neues Gelände am St. Klara-Klosterweg. 1835 beschloß der Speyerer Stadtrat, den alten protestantischen Friedhof so zu erweitern, daß dort auch die Katholiken eine Begräbnisstätte finden können. Dieser Friedhof wurde 1881 geschlossen, nachdem 1880 der neue Friedhof außerhalb der Stadt längs der nach Worms führenden Landstraße angelegt worden war.

Der Alte Friedhof ist unterteilt in die 1959 angelegte Parkanlage des Adenauerparks, in der die bedeutsamen Grabsteine und Gräber erhalten geblieben sind, und in den von der 1953/54 errichteten Bernhardskirche aus zugänglichen Teil des Domkapitelsfriedhofs, der heute noch als Friedhof dient. Mittelpunkt der Grabanlagen ist die um 1830 angelegte Kümmichsche Gruft mit ihren kannelierten dorischen Säulen aus Holz und einer hölzernen Verdachung. Bei der Gruftanlage für Bürgermeister Bartholomäus Weltz finden sich noch einige schlichte barocke Epitaphien.

Bei den Gräbern der ersten Jahrzehnte des 19. Jahrhunderts dominiert eindeutig der französische Geschmack, zumal Speyer bis 1815 französisch besetzt war. Bevorzugtes Grabmonument war die abgeschnittene Säule als Zeichen der gebrochenen Lebenskraft. Ein Beispiel demonstriert die von dem Philosophen Jean Jacques Rousseau (1712–1778) stammende Vorstellung vom Tod als wirkliche Rückkehr zur Natur. Das Grab wurde bewußt als träumerische Todeslandschaft gestaltet. Man verwendete dabei Spolien, den Schaft eines 1509 errichteten, 1669 renovierten und 1689 zerstörten Kreuzes als geborstenen Pfeiler und als Grabplatte einen vom nahen Stift St. Guido stammenden Wappensteines von 1520, den man mit Totenschädeln an den Ecken zusätzlich versehen hatte. Vergleichbar mit dieser Anlage ist das Dessauergrab in Weimar von 1782, wo ebenfalls der aufklärerische Wunsch nach letzter Ruhe in arkadischer Umgebung und damit als Triumph einer künstlich erzeugten »Natürlichkeit« festzustellen ist. Der alte Friedhof in Speyer kommt der Vorstellung der harmonischen Wiedervereinigung des Menschen mit der Natur recht nahe.

Der neue Friedhof wurde 1880 als Waldfriedhof angelegt, wobei man die einzelnen Areale in der Art eines Kirchengrundrisses aneinanderfügte. Die einzelnen Wege werden von Bäumen flankiert, die natürlich wirkende Zonen schaffen. Um die Zahl der Wege zu reduzieren, wurde eine Kopf- an Kopf- Bestattung vorgenommen. Unter den Gräbern fällt die Totenleuchte für Barbara Molz († 1903) auf. Bildhauer Julius Renn verknüpfte mit der mittelalterlichen Form auch einen Hinweis auf das Attribut der Namenspatronin der hier Bestatteten, fügt man doch der hl. Barbara als Kennzeichen den Turm hinzu.

Neuerdings versuchen zeitgenössische Bildhauer, wie Wolf Spitzer (* 1940), Thomas Duttenhoefer (* 1950) oder Franz Müller-Steinfurth (* 1952) eine qualitätvolle und zeitgemäße Grabsymbolik zu gestalten.

JUNGFRAU
BARBARA MOLZ
✝ 22. Mai 1903.
DAS EWIGE LICHT LEUCHTE IH
AS WAHRE LICHT
EUCHTET SCHÖN

Weimar, Historischer Friedhof

Eine der bedeutendsten Begräbnisstätten Deutschlands ist der südöstlich der Stadt gelegene Friedhof vor dem Frauentor. Am 20. März 1818 wurde er als Nachfolger des Jakobsfriedhofs, der 300 Jahre als allgemeiner Begräbnisplatz der Stadt diente, eröffnet. Eine Friedhofskommission benötigte sieben Jahre für die Planung. Man untersuchte sehr gründlich die Standortfrage und die Bodenbeschaffenheit. Gefordert war nämlich eine Lage gegen die Windrichtung, ein drei Meter tiefes Erdreich ohne Felsen, aber auch ohne Wasseradern und frei von jeglicher Hochwasser oder Überschwemmungsgefahr.

Zum Vorbild nahm man sich den »Neuen Begräbnisplatz in Dessau«, der 1787 angelegt worden war und prägend für die Ausbildung des Typus der geometrischen Vierfelderanlage geworden war. Hinsichtlich der »edlen Simplizität« wurde das Gräberfeld der Herrenhuther Brüderemeinde als Vorbild gewählt. Es war jedoch in Weimar nicht möglich, wegen des Geländes einen quadratischen Grundriß zugrundezulegen, sondern ein Trapezoid, das durch zwei sich kreuzende Wege in vier Grabfelder unterteilt werden konnte. Waren in Dessau die Hauptwege mit weißblühenden Akazien eingefaßt, pflanzte man entlang der Hauptachsen in Weimar beschnittene Linden an.

1822/23 wurde das Leichenhaus errichtet. 1824/25 erbaute der Vorsitzende der großherzoglichen Oberbaubehörde Clemens Wenzeslaus Coudray (1775–1845) im Auftrag seines Herren Karl August von Sachsen-Weimar (1757–1828) die sogenannte Fürstengruft als vorläufigen Abschluß des alten Friedhofsteils. Das auf quadratischem Grundriß angelegte mit einer oktogonalen, von halbkreisförmigen Thermenfenstern belichteten Kuppel bekrönte Mausoleum wird über einen viersäuligen Portikus dorischer Ordnung mit mächtigem Dreiecksgiebel betreten. Um die Gruft führte ein mit Pappeln gesäumter Weg. Entgegen den Planungen von Dessau oder auch dem 1815 angelegten Trinitatisfriedhof von Dresden wird dieses Bauwerk nicht auf einem Rondell an der Kreuzung der Wegeachsen errichtet, dafür aber ein wenig erhöht und mit einem vorgelagerten Platz versehen. Diese Gruft wurde zu einem vielbesuchten Ort, als hier die Dichterfürsten Johann Wolfgang von Goethe (1749–1832) und Friedrich von Schiller (1749–1805) beigesetzt worden waren. Schiller war zuvor im Kassengewölbe des Jakobsfriedhofs der Stadt beigesetzt worden. Diese kleine Halle nahm angesehene Persönlichkeiten der bürgerlichen Bevölkerungsschichten auf, deren Familien sich keine Erbbegräbnisse leisten konnten. 1827 wurde er in die Fürstengruft umgebettet.

1835 wurde das hinter der Fürstengruft gelegene Areal in den Friedhof einbezogen und durch drei Wege in fünf neue Abteilungen untergliedert. Einen besonders markanten Akzent setzte die 1859–1862 für die Schwiegertochter Carl Augusts, Großherzogin Maria Pawlowna († 1859), Tochter von Zar Paul I. (1754–1801) an die Fürstengruft angefügte russisch-byzantinische Kapelle in byzantinisierenden Formen des Rundbogenstils mit einer vergoldeten Zwiebelkuppel.

Im neuen Teil des Friedhofs gestaltete Walter Gropius (1883–1969) ein »Der Blitz« betiteltes Mahnmal, das an die beim Kapp-Putsch im März 1920 ums Leben Gekommenen, die sogenannten März-Gefallenen erinnerte. Gropius visualisiert in einer vergeistigten Form eine extrovertierte Äußerung eines Fanals, wobei der Aspekt der Anklage dominiert. Ein solches Denkmal steht in der pazifistischen Tradition der politischen Linken. Das Denkmal wurde in der Zeit des Nationalsozialismus zerstört und nach dem Zweiten Weltkrieg wieder rekonstruiert.

Bedeutende Persönlichkeiten

u.a. Johann Peter Eckermann (1792–1854), Goethes Privatsekretär
Ottilie von Goethe (1796–1872), Goethes Schwiegertochter
Johann Nepomuk Hummel (1778–1837), Komponist
Charlotte von Stein (1742–1827), Goethes Freundin
Christian Vulpius (1762–1827), Goethes Schwager

Worms, jüdischer Friedhof

Am Andreasring in der Nähe des Domes liegt der Wormser Judensand. Die Anlage des Judensandes besteht aus zwei Teilen, dem älteren, etwas tiefer gelegenen Bereich mit dem Rabbinental und einem höherliegenden Terrain an der Westgrenze der Anlage, das seit dem 18. Jahrhundert genutzt wird.

Die jüdische Gemeinde entstand, als im 9. und 10. Jahrhundert aus Südeuropa jüdische Flüchtlinge ins ostfränkische Gebiet einwanderten. Seit 906 sind Juden in Mainz, seit 960 in Worms und seit 1084 in Speyer nachweisbar. Nur in Worms hatte sich bis 1938 das unversehrte Zentrum der Judengemeinde erhalten, angefangen von den zu einem bedeutenden Teil mittelalterlichen Häusern des Ghettos in der Judengasse und Hinteren Judengasse, der Männer- und Frauensynagoge, der Raschikapelle, dem Hospital, Gemeindehaus und der rituellen Badeanlage. Im 11. Jahrhundert war sie eine der größten Gemeinden mit bis zu 300 Mitgliedern und eine der angesehensten im gesamten Reich. Von ihrer ersten 1096 von fanatisierten Teilnehmern des Ersten Kreuzzuges zerstörten Synagoge wurde die Bauinschrift von 1034 beim Wiederaufbau der Männersynagoge 1174/75 neben dem Nordportal wieder eingemauert.

Dazu kommt der unzerstört gebliebene Judenfriedhof mit über 2000 Grabsteinen im Westen der Stadt. An dieser Stelle befand sich eine alte Sandgrube, denn die Juden legten großen Wert auf ein Begräbnis in trockenem Boden und wünschten, wie bereits im Mittelalter abseits der Siedlungen beigesetzt zu werden, weil nach jüdischer Lehre Verunreinigungen von Gemeindemitgliedern vorgekommen wären. Auch hätte der judenfeindlich eingestellte Magistrat der Stadt den Judenfriedhof innerhalb der Mauern nicht geduldet.

In Worms war die Stadtnähe übrigens problematisch, denn sämtliche jüdischen Grabsteine mußten gemäß der Vorschrift nach Osten, also gen Jerusalem weisen, so daß in Worms hunderte von Steinen parallel zur Stadtmauer aufgestellt waren und, nachdem die Armbrust als Waffe aufgekommen war, potentiellen Angreifern eine ideale Deckung vor den Attacken der Verteidiger von der Mauer aus boten. Militärisch wäre somit die Beseitigung der jüdischen Grabsteine notwendig, was einem Sakrileg gleichkam. In Worms erzwang man um 1278 eine Drehung der Steine aus der Ost-West-Achse in eine Nord-Süd-Achse, während die Toten wahrscheinlich wie überall in jüdischen Gemeinden nach Osten hin bestattet worden sind, was sich aus Pietätsgründen natürlich nicht mehr nachprüfen läßt. Jedenfalls dürften die Bestatteten in Worms entgegen der Richtung der Grabsteine liegen. Nur ein einziger Grabstein behielt die ursprüngliche Richtung bei, nämlich der des als besonders gesetzestreu geltenden Maharil († 1427), so daß sein Stein zwar korrekt, aber quer zu allen anderen steht. Die nach 1278 gesetzten Steine wurden von Anfang an in der Nord-Süd-Achse aufgestellt, so daß diese auch entsprechend höher als die alten ausfallen durften.

Dies belegt eindrucksvoll das Doppelgrab des Rabbi Meir von Rothenburg genannt Mahram († 1293) und seines Schülers Alexander Ben Salomo Wimpfen († 1307). Mahram wird bis heute als Märtyrer verehrt, weil er in siebenjähriger Beugehaft verstorben war. Er verbot seinen Glaubensbrüdern, die von König Rudolf von Habsburg (1218–1291) festgesetzte Summe für ihn aufzubringen. Die Leiche wurde nicht freigegeben; erst 14 Jahre später löste sie Alexander ben Salomo Wimpfen mit seinem ganzen Hab und Gut aus, bat sich aber von der jüdischen Gemeinde das Recht aus, neben dem verehrten Meister sein Grab zu finden.

Würzburg, Sepultur am Domkreuzgang

Südlich des Domes wurde um 1420 auf den Fundamenten eines romanischen Vorgängerbaus mit der Errichtung des Domkreuzganges begonnen. 1423 war der Westflügel und zuletzt 1453 der Ostflügel vollendet. An der Südseite vor dem Querhaus des Domes wurde das zweigeschossige Kapitelhaus zwischen 1458 und 1466 errichtet. Im Gebäude waren die Sepultur und der Kapitelsaal als Versammlungsort untergebracht. Die Sepultur, 1945 vollständig zerstört und als Kapelle des St. Burkardushauses wiederaufgebaut, besteht aus einer zweischiffigen gewölbten Halle mit sieben Kapellennischen an der Ostseite. Dabei entwachsen die Rippen den achteckigen Freipfeilern und gehen an den Wänden in halbrunde Dienste über. Das Gewölbe wurde als Kappengewölbe mit einer verschränkt angeordneten Rautenfiguration ähnlich wie in den Gewölben der Kreuzgangsflügel gestaltet. Die Schlußsteine waren reliefiert.

Die Sepultur war ausschließlich dem Domkapitel vorbehalten. In den Gängen des Kreuzganges konnten in dem Boden auch Angehörige vornehmer fränkischer Familien beigesetzt werden. Dabei lagen die Grabplatten ursprünglich flach auf dem Fußboden und sind deswegen zum Teil stark abgetreten. Außerdem wurden etliche Steine gedreht und ihre Rückseite zweitverwendet. Beim Wiederaufbau wurden die Epitaphien nicht mehr im Fußboden belassen, sondern an den Wänden aufgestellt. Denkmäler von der Spätgotik über die Renaissance bis zum Rokoko und Klassizismus haben sich in großer Anzahl erhalten. Somit läßt sich die stilistische Entwicklung von Grabplatten und Epitaphien vom ausgehenden Mittelalter bis zu Bgeinn des 19. Jahrhunderts gut verfolgen. Häufig werden die Domherren im 15.–17. Jahrhundert dann im Levitengewand als Subdiakone dargestellt, wenn sie wie damals verbreitet keine Priesterweihe empfangen hatten und keine Zölibatsverpflichtung eingegangen waren, so Domherr Jodokus Wilhelm von Riedt († 1606) oder Lorenz Lambrecht († 1523). Domherr Johannes Grumbach († 1516) oder Scholasticus Georg Lichtenstein († 1508) sind beispielsweise in der Meßkasel mit Kelch eindeutig als Priester gekennzeichnet. Von hoher Qualität und noch von der Schnitzkunst Tilmann Riemenschneiders beeinflußt zeigt sich der Doppelgrabstein für den Archidiakon Heinrich († 1472) und den Archidiakon und Generalvikar Johannes Schott von Schottenstein († 1512). Besonders erwähnenswert ist die Bronzeplatte für Philipp Graf von Hohenlohe (1492–1541). Sie enthält auch die Darstellung zweier weiterer aus der Familie abstammende Domkapitulare.

Das Epitaph für den Domherren Martin von Wiesenthau († 1554) in charakteristischen Renaissanceformen ist zu Füßen des Kreuzes auf einem Täfelchen mit dem Monogrammm TK signiert und somit als Werk des einheimischen Bildhauers Thomas Kistner († 1569) , einem Schüler von Peter Dell der Älteren (*1501) gesichert. In einem einfachen Renaissancegehäuse flankieren kapitellose Pilaster einen mit Brokatmuster ausgeschlagenen Hintergrund. Davor kniet der Domherr mit einer Gebetsschnur in den Händen vor einem schräg in den Raum hineinragenden Kruzifix. Das Denkmal für den Domherren Albert Schenk von Limpurg ((1535–1576) zeigt die Relieffigur des Verstorbenen im Levitengewand zwischen zwei Wappen tragenden ornamentierten Pilastern. Es trägt die Inschrift: »In des Feuerhitz Schmeltz man mich mit witz das ich lauter flos Jorg Straubinger mich gos Zu Nurmberg fürwar als man zzelt 1580 jar.« Eine Schöpfung von Zacharias Juncker (um 1578–um 1657) dürfte das Grabdenkmal für Julius Ludwig Echter von Mespelbrunn (1579–1609) sein.

Epitaphe von Bischof Lorenz von Bibra (oben) und von Bischof Rudolf von Scherenberg (S. 57), Tilman Riemenschneider

Würzburg, Lusamgärtchen

Einer der stimmungsvollsten Orte Würzburgs ist der sogenannte »Lusamgarten«, einst der an der Nordseite der Basilika des Stiftes Neumünster gelegene Kreuzgangshof. Nach alter Überlieferung wurde die Basilika über der Grabesstätte des heiligen Kilian, Glaubensboten der Franken (um 990/995) errichtet. Am Nordflügel der den Kreuzgangshof umschließenden Stiftsgebäude wurde 1888 bei einem Hausabbruch eine Arkadenreihe mit 16 Rundbogenöffnungen der Kreuzgangsfassade entdeckt. Nach den Kriegszerstörungen wurde beim Wiederaufbau diese Anlage an die Südseite verlagert. Die Säulchen besitzen Würfelkapitelle mit Palemettenornamenten, ihre teils runden, teils achteckigen Schäfte weisen einen großen Formenreichtum auf, teilweise besitzen sie gerade und auch gewundene Kanneluren, andere sind spiralenförmig gewunden, andere wie mit gedrehten Tauen umwickelt. Auch die Sattelsteine sind reich ornamentiert. Drei der Pfeiler besitzen figürlichen Reliefschmuck, nämlich den auf einer Thronbank sitzenden Christus Pantokrator, eine wohl den heiligen Kilian verkörpernde Bischofsgestalt und das Brustbild einer nichtnimbierten Frauengestalt. Diese Reliefs zählen zu den frühest bekannten Figurenbildwerken Würzburg und dürften gegen 1180 entstanden sein. Dieser Kreuzgang diente als Grabstätte Walters von der Vogelweide. Er ist einer der bedeutendsten Lieddichter des deutschen Mittelalters. Seine zwischen 1190 und 1230 entstandenen Gedichte besingen nicht nur die Minne, sondern mischen sich auch in die Politik ein.
Während seines langen Wanderlebens war er immer bemüht, einen festen Wohnsitz gewinnen zu können. So war sein in einem Gedicht ausgedrückter Jubel: »ich hâan mîn lêhen, al die werlt, ich hân mîn lêhen. nû erführte ich niht deb hornunc ab die zêhen, und wil alle boese hêrren dester minre flêhen. = ich hab mein Lehen! In alle Welt ruf ichs hinaus: ich hab mein Lehen. Jetzt fürchten meine Zehen den eisigen Februar nicht mehr und ich brauche die geizige Oberschicht nicht mehr um mein Honorar anzubetteln.« König Friedrich II. (1194–1250), am 22. November 1220 zum Kaiser gekrönt, hatte Walter in Würzburg Einkünfte und wahrscheinlich einen festen Wohnsitz zugewiesen. Deswegen war er hier seßhaft geworden und auch in dieser Stadt gestorben.
Die Kenntnis seines Begräbnisortes verdanken wir einem Kleriker aus der ersten Hälfte des 14. Jahrhunderts namens Michael, der sich nach seinem Wohnsitz in der Dominikanergasse gelegenen Wohnsitz, dem Großen Löwenhof Michael de Leone nannte. Er hat auch die lateinische Inschrift auf dem Grab in seinen Schriften überliefert. In gereimten Hexametern war sie abgefaßt: »Walter, der du als Lebender die Weide der Vögel gewesen bist, die Blume der Beredsamkeit, der Mund der Pallas, du bist gestorben. damit nun deine Rechtschaffenheit den himmlischen Kranz erlangen möge, so spreche, wer dies liest: »Gott erbarme dich seiner«. (Übersetzung nach Horst Brunner)
Ein Denkmal hat ihm neben dem an der Grabesstätte auch der Bildhauer Ferdinand von Miller (1842–1929) am Residenzplatz gesetzt, als er 1894 seine Figur neben denen Tilmann Riemenschneiders (1460–1531) und Meister Mathis genannt Grünewald (um 1480–1529) und einer darübergesetzten Allegorie der Franconia am gleichnamigen Brunnen aufgestellt hat.

England

Bowood/Wiltshire, Mausoleum

Das Mausoleum von Bowood/Wiltshire, das die Witwe des First Earl of Shelburne († 1761) in ihrem englischen Garten dem Architekten Robert Adam (1728–1792) zur Planung in Auftrag gegeben hatte, spielte in mehreren Entwurfserien die Möglichkeiten zwischen Rundbau und Belvedere durch. Erst die vierte Planfolge wurde verwirklicht. Das Mausoleum erhielt die Grundform eines Quadrates mit angefügten Kreuzarmen. Der mittlere Raum der Gruft im Sockelgeschoß wurde als von einem Mittelpfeiler gestütztes Oktogon eingefügt. Von dort führen drei in jedem der Kreuzarme untergebarchte Grabanlagen mit insgesamt 17 Kammern, von denen bis heute neun belegt sind. Über der Gruft erhebt sich in Kreuzesform die Kapelle. Dabei sind im Inneren die mit einer Tonne überwölbten rundbogig geöffneten Kreuzarme als Annexen durch einen Architrav, den zwei Säulen in toskanischer Ordnung stützen, vom kuppelüberwölbten Zentralraum getrennt. Dieser quadratische Raum ist flach gedeckt, enthält jedoch einen kreisförmigem Ausschnitt für die Anbringung der Kuppel. Sie besitzt auch ein verglastes Opaion.

In der Nische gegenüber dem Eingang steht der marmorne Riefel-Sarkophag, ein Werk von Agostini Carlini († 1790) aus dem Jahr 1761. Die allegorische Figur der Erinnerung wurde in der Westnische im Jahr 1862 hinzugefügt; William Brodie (1815–1881) hat sie geschaffen.

Die Architerktur wurde geschickt auf einem Parkhügel errichtet, so daß das Sockelgeschoß unterirdisch zu liegen scheint und eine Rampe zum Grufteingang auf der Rückseite hinabführt. Feierlichen Ernst ruft der hermetisch mit Mauerwänden umschlossene Kubus auch durch die nur sparsam angewendete Dekoration hervor. Der Portikus mit mächtigem Dreiecksgiebel wird von vier toskanischen Säulen getragen, während in seitlich eingetieften Nischen zu beiden Seiten des Portikus Urnen stehen; die darüber eingetieften rechteckigen Wandfelder sind leer, ein Zierelement, das man erst in der strengen französischen Revolutionsarchitektur erwarten würde. Ein ähnlicher Bau wurde zu gleicher Zeit in Gibside von James Paine (um 1716–1789) errichtet.

Mausoleum

BOWOOD
HOUSE
ENTRANCE

Castle Howard/Yorkshire,

Mausoleum

Das älteste in einem als Landschaftsgarten gestalteten englischen Park errichtete Mausoleum wurde in Castle Howard/Yorkshire für Charles Howard Third Earl of Carlisle (1674–1738) zu dessen Lebzeiten durch Nicholas Hawksmoor (1661–1736) errichtet. Der Bau zog sich von 1726 bis in die vierziger Jahre hin.

Ein Mausoleum in einer Parkanlage sollte getragen von der Sehnsucht nach der Ideallandschaft Arkadien den der Natur abgelauschten Stimmungswert des Malerischen steigern helfen. Man berief sich auf ein antikes Vorbild, den Grabbau des Satrapen Mausolos von Halikarnassos (Mitte des 4. Jh. v. Chr.), der zu den sieben Weltwundern der Antike gezählt wurde. Da er nicht mehr aufrecht stand, wurden die Beschreibungen des Vitruv (84 v. Chr.–14 n. Chr.) und von Plinius dem Älteren (23/24 v. Chr.–79 n. Chr.) herangezogen, die aber nur einen über einem Sockelgeschoß sich erhebenden Grabtempel mit Pyramidendach als gesicherte Erkenntnis vermittelten. Deswegen konnten Mausoleen über beliebiger Grundrißform je nach Geschmack und Wunsch des Auftraggebers und auch dem Formwillen des Architekten errichtet werden. Beim Bau des Mausoleums in Castel Howard wünschte sich der Earl einen Tempel, während der Architekt einen Zentralbau vorschlug. Errichtet wurde nach mehreren Planstufen über einem quadratischen Sockel ein von Kolonnaden umgebener Tholos mit einer Tambourkuppel.

Brocklesby Park

Cobbham Hall

Brocklesby Park, Cobbham Hall

Mausoleen von James Wyatt

Eines der schönsten Mausoleen Englands steht inmitten der hügeligen Wiesen von Brocklesby Park, einem Landsitz in Lincolnshire. Seinen Vorgänger hatte Sir William Pelham bereits 1603 errichtet. Der jetzige Bau wurde von Charles Anderson Pelham, später erster Lord Yarborough für seine erste jung verstorbene Gemahlin Sophia Aufrere (1753–1786) in Auftrag gegeben. Architekt James Wyatt (1748–1813) verabeitete hier mehrere antike Vorbilder. Das zylindrische Rund des Kernbaus entlehnte er dem Grabmonument der Caecilia Metella in Rom und bezog sich bei dem umgebenden Säulenrund auf den von 20 Säulen auf hohem Podium sich erhebenden Vestatempel in Rom, den Septimius Severus (193–211 n. Chr.) in seiner heutigen Gestalt errichten ließ, ersetzte aber die korinthische durch eine dorische Säulenordnung. Der Architrav mit dem aus Festongehängen bestehenden Fries übernahm er von dem Vestatempel in Tivoli.

Außen umzieht ein umlaufendes Gesims den Bau, das auch um die rundbogig geschlossenen, Nischen herumgezogen ist. In jeder der Nischen ist ein Sarkophag eingestellt. Diese Gestaltung dürfte Wyatt vom 1446–1456 von Leon Battista Alberti (1404–1472) errichteten Templo Malatestino in Rimini übernommen haben. Neuartig ist dagegen die Inszenierung der Grabstätte als Memorialkapelle im Inneren des Tempels: In der Raummitte steht die weiße, effektvoll durch Oberlicht beleuchtete Statue der Verstorbenen auf einem zylindrischen Sockel. Diese Figur schuf der damals gefeierte Bildhauer Joseph Nollekens (1737–1823) um 1791.

Das Mausoleum in Cobham Hall/Kent erbaute James Wyatt (1748 –1813) auf einem Hügel im Park für den dritten Earl of Danley zwischen 1782 und 1783 aus Portland-Blöcken. Zwischen dem Landsitz und dem Mausoleum gab es keine direkte Wegverbindung. Im Gegensatz zu dem Mausoleum im Brocklesbypark wurde es niemals als Grabstätte genutzt.

Der Grundriß kombiniert unterschiedlichste geometrische Formen miteinander so, daß sich ein Achteck ergibt, dessen kürzere Seiten in der Diagonale liegen. Im heute beinahe überwachsenen rustizierten Sockel wurden in Nord-Südrichtung zwei queroblong angeordnete bikonchiale Räume mit einem Zentralraum im Mittelpunkt in der Art eines durchgehenden Vestibüls verbunden. Von dem Zentralraum gehen radial vier in vier Reihen übereinander liegende Grabkammern aus. Der Zugang zu dieser Gruft geschieht von der Rückseite her. Das Hauptgeschoß erhebt sich über der Gruft. Es behält den Grundriß bei, so daß in den abgeschrägten Ecken kannelierte dorische Freisäulen ein Gebälk tragen, auf das ein steinerner Sarkophag gesetzt ist. Die Wände der Hauptachsen sind durch Rechteckfelder und Dreiveirtelsäulen gegliedert. Über dem umlaufenden Triglyphenfries sitzen in Höhe der Sarkophage eine Attikazone durchbrechende flache Thermenfenster.

Bekrönt wird die Anlage durch eine spitzwinklige Pyramide, deren Form als Grabdenkmal wohl auf das Chigi-Monument in der Kirche Santa Maria del Populo in Rom, 1513–1515 von Raffael (1483–1520) zurückgeführt werden kann, andererseits mag auch die Cestius-Pyramide (11. v. Chr.) hier vorbildhaft gewirkt haben, die zum Archetyp für das Aufgreifen der Pyramidenform bei Grabdenkmalen geworden ist. Außerdem gehörten Pyramiden zum wesentlichen Bestandteil der Gartenarchitektur und dienten damit indirekt der Befriedigung einer gewissen modischen Todessentimentalität, selbst wenn das Mausoleum gar nicht zur Belegung gedacht war.

London, Highgate-Friedhof

In London wurden, wie in Paris und anderen Großstädten auch, die Toten auf den Begräbnisplätzen bei den Pfarrkirchen innerhalb der allmählich wachsenden Großstadt beigesetzt. Noch 1834 zählt man ungefähr 800 Bestattungen in Grüften innerhalb des Stadtgebietes. Mutet dies auf den ersten Blick als bekannter konservativer Zug der englischen Bevölkerung an, so mag erstaunen, daß bereits 1666 ein Plan zur Schließung der innerstädtischen Friedhöfe existierte. Sir Christopher Wren (1632–1723) wollte nach dem großen Londoner Stadtbrand im Rahmen der Wiederaufbaupläne eine durchdachte Ordnung in das völlig unregelmäßig angelegten Stadtbild einbringen. Gewerbebetriebe mit großen offenen Feuern sollten in die Vorstädte ausgelagert werden, ferner Bestattungen in und um die Kirchen verboten werden.
Die alten Begräbnisplätze müßten geschlossen und neue Begräbnisplätze außerhalb der Stadt angelegt werden. Er meinte, die weiten Entfernungen, die Leichenbegängnisse zurückzulegen hätten, dadurch überwinden zu können, daß mit Kutschen von der Pfarrkirche des Verstorbenen zur Begräbnisstätte gefahren werden sollte. Für die arme Bevölkerung, die auf Kosten der Allgemeinheit beerdigt werden müsse, sollte jede Pfarrkriche einen einfachen von einem Pferd gezogenen zweirädrigen Leichenwagen anschaffen. Diese Pläne Wrens waren vom englischen König und dem Parlament gebilligt worden, scheiterten aber am Widerstand der Bürgerschaft und der Zünfte.
1750 gelangten die alten Planungen erneut in die Öffentlichkeit, weil sie in einem Buch publiziert worden waren. Dennoch änderte sich in London nichts, weil zunächst mit der Niederlage der Franzosen bei Trafalgar und Waterloo auch die das Friedhofwesen betreffenden, aus Frankreich stammenden Ideen in England nicht Fuß fassen konnten. Erst nach 1834 leitete das Unterhaus eine Untersuchung über die Zustände des Bestattungswesens in England, insbesondere in der 1840 1 870 000 Einwohner zählenden Stadt London ein. Für seine Toten konnte die Stadt nur 478,6 acres zur Verfügung stellen. Der die Untersuchung leitende Beamte namens Chadwick schilderte schlimme Zustände. Er beklagte die Respektlosigkeit, mit der die Bevölkerung den Leichenzügen auf den Straßen begegnete. Selbst der funerale Pomp bei der Beisetzung eines Adligen könne den Lärm der Straße nicht mehr aufhalten und auf die Menschen einen tiefen Eindruck machen. Werde gar ein Armer zur letzten Ruhe getragen, müßten oft die Leichenträger den Passanten ausweichen. An Kreuzungen vorbeifahrende Kutschen trennten die Leichenzüge, weil sie nicht abwarten wollten. Ferner war der Mißbrauch eingetreten, mehrere Leichen in dasselbe Grab zu legen. Die Leichenbestatter machten, wie auch bei Charles Dickens (1812–1870) nachzulesen ist, daraus sogar ein Geschäft. Chadwick empfahl, jeder Leiche ein eigenes Grab zukommen zu lassen und für die Anlage neuer Friedhöfe den Frankfurter und Münchener Friedhof als Vorbild zu wählen.
Nach diesem Bericht wurden 1852 die alten Friedhöfe geschlossen und neue, zwei Meilen außerhalb des damaligen Siedlungsgebietes angelegt. Der bedeutendste war der Highgate Friedhof, auf dem sich u.a. das Grab von Karl Marx (1818–1883) befindet.

WORKERS OF ALL LANDS
UNITE
KARL MARX
JENNY VON WESTPHALEN,
THE BELOVED WIFE OF
KARL MARX,
BORN 12TH FEBRUARY 1814,
DIED 2ND DECEMBER 1881.
AND KARL MARX,
BORN MAY 5TH 1818, DIED MARCH 14TH 1883.
AND HARRY LONQUET,
THEIR GRANDSON
BORN JULY 4TH 1878, DIED MARCH 20TH 1883.
AND HELENA DEMUTH,
BORN JANUARY 1ST 1823, DIED NOVEMBER 4TH 1890
AND ELEANOR MARX, DAUGHTER OF KARL MARX
BORN JANUARY 16TH 1856, DIED MARCH 31ST 1898

London, Westminster Abbey

Die Kirche und Klostergebäude der Westminster Abbey auf der Thorney Isle wurden von Eduard dem Bekenner (um 1003–1066) um 1050 errichtet; am 28. Dezember 1065 ist die Schlußweihe bezeugt. Von diesem ersten Bauwerk haben sich Reste in der Krypta erhalten. Das gegenwärtige Bauwerk wurde um 1245 auf Anregung König Heinrich III. (1207–1272) begonnen, die Ostteile und das dreischiffige Querschiff waren 1258, das dreischiffige Langhaus Ende des 15. Jahrhunderts vollendet. Westminster Abbey diente sowohl als Krönungsstätte als auch als bevorzugter Begräbnisort der englischen Krone, so daß sich unter dem Gewölben auf Fußbodenhöhe in dichter Reihenfolge die Prunkgräber vom 13. Jh. bis in die Gegenwart erheben.
Merkwürdigerweise sind hier die Toten gruppiert. In der Socialist Corner im nördlichen Seitenschiff sind Gewerkschafter, Reformer und Mitglieder der Labour-Partei beigesetzt. Im Zentrum des Mittelschiffs erinnern einige Gedenkplatten an Forscher und Physiker, wie Michael Faraday (1791–1867), Ernest Rutherford (1871–1937) oder den Astronomen Friedrich Wilhelm Herschel (1738–1822). Hinter der Abschrankung zum Chor wurden vornehmlich Musiker beigesetzt. Im südlichen Querschiff ist die beliebteste Ecke unter den Grabdenkmälern, nämlich Poets Corner, wo wir die Büsten von John Dryden (1631–1700), Ben Jonson (1572–1637) oder John Miltons (1608–1674), aber auch die 1741 aufgestellte Erinnerung an William Shakespeare (1564–1616) finden.
Die stilistische Entwicklung des Grabdenkmals über die Jahrhunderte hinweg können die Königsgräber verdeutlichen. Der zweigeschossige Katafalk für Eduard den Bekenner (um 1003–1066) wurde 1270 von römischen Cosmaten an der gleichen Stelle, wohin der Leichnam 1163 überführt worden ist, mit einem Sockel versehen. Aus vergoldeter Bronze wurden die Grabfiguren König Heinrichs III. (1207–1272) und seiner Gattin Eleonore von Kastilien († 1290) im charakteristischen weich fließenden späten Muldenfaltenstil von William Torel 1291 gegossen. Ein frühes noch zu Lebzeiten 1394/95 gefertigtes Portrait ziert die Grabfigur König Richard II. (1367–1400) und seiner Gemahlin Anna von Böhmen. Das Aufblühen der Renaissance markiert das von Pietro Torrigiani (1472–1522) 1512–1518 geschaffene Bronzegrab Heinrich VII. (1457–1509) und seiner Gattin Elisabeth von York, genannt die »weiße Rose« (1465–1503). Ein protziges Spät-Renaissance-Grabmal, überreich mit Pfeilern und Obelisken und farbigen Marmor-Inkrustationen entstand gegen 1600 für Henry Carey First Baron Hunsdon (1524–1596). Englischen Barock vertritt das grandiose Denkmal für General Wolfe, eine Schöpfung von Joseph Wilton (1722–1803) oder das Denkmal für General Sir Francis Vere (1560–1609) aus schwarzem Marmor und Alabaster mit vier knieenden Rittern, die die Grabfigur umgeben und eine Steinplatte mit der darauf abgelegten Rüstung des Kriegers tragen. Von Louis Francois Roubiliac (1695 oder 1705–1762) wurden mehrere Monumente geschaffen, sein bedeutendstes Werk ist die 1748/49 entstandene einfühlsame und zugleich schwungvolle Figur des Zweiten Herzogs John Campbell von Argyll (1678–1743).
Im Empire-Stil des frühen 19. Jahrhunderts ist das Grabmal für Charles James Fox (1749–1806) errichtet: Es zeigt den in einer römischen Senatorentoga gewandeten Politiker auf dem Sterbebett, wie er gerade seinen Geist aufgibt, gestützt von der Allegorie der Freiheit und die Allegorie des Friedens zu Füßen. Die Gestalt eines Negers erinnert daran, daß Fox an der Abschaffung der Sklaverei großen Anteil hatte.

S. 67: Grabdenkmale von Königin Elisabeth I. (oben) und Heinrich II. (unten)

Berühmte Persönlichkeiten

u.a. Winston Churchill (1874–1965), Politiker
Michael Faraday (1791–1867), Physiker
Charles James Fox (1749–1806), Politiker
Georg Friedrich Händel (1685–1759), Komponist
Friedrich Wilhelm Herschel (1738–1822), Astronom
Ernest Rutherford (1871–1937), Physiker
Sir Walter Scott (1771–1832), Dichter
William Thackeray (1811–1863), Dichter

Frankreich

Arles, römischer Friedhof Alyscamps

Die einstigen Elysäischen Gefilde dienten als Begräbnispaltz der römischen Siedlung Arelate, die bereits 46 v. Chr. erwähnt worden ist. In der Konkurrenz mit Marseille erlebte die Stadt ihre große Blütezeit unter Kaiser Konstantin und stieg gegen 400 zum Verwaltungszentrum Galliens auf. Zu den römischen Zeugnissen zählen die zahlreichen spätantiken Sarkophage mit christlicher und paganer Thematik. Die Allée des Tombeaux bildet den Rest des Begräbnisplatzes, der seit dem 4. Jahrhundert christlich belegt worden ist. Die künstlerisch bedeutsamsten Sarkophage werden heute im Musée lapidaire chretien, diejenigen mit paganen Motiven in der ehemaligen Kirche Saint-Anne, die als Museée lapidaire paien dient. Dabei kommen nahezu sämtliche spätantiken Sarkophagtypen vor.

Das Fragment eines einzonigen *Friessarkophags* um 300/315 (Inv. Nr. 18) zeigt dicht gedrängte, bewegte Figuren, wie man sie ansonsten in der konstantinischen Zeit kennt. Die Mittelszene zeigt den jünglingshaften, bartlosen Jesus während seiner Abschiedsworte beim Abendmahl. Voller Trauer verhüllen zwei Jünger ihr Antlitz, die anderen wenden betroffen ihm ihr Gesicht zu. Rechts davon ist die Auferweckung des Töchterleins des Jairus gezeigt. Vor seine Füße hat sich die verschleierte blutflüssige Frau niedergeworfen, der Jesus auf dem Weg zu Jairus begegnet ist und sie geheilt hat. Links ist Moses dargestellt, wie er aus dem Felsen Wasser für das dürstende Volk schlägt. Das Fragment links zeigt die drei Jünglinge im Feuerofen, erkennbar an ihren phrygischen Kopfbedeckungen. Berühmt ist der sog. *Sarkophag der keuschen Susanna* (Inv. Nr. 3), ein um 325/50 entstandender zweizoniger Friessarkophag mit dem Bildnisbüsten eines Ehepaares in der Mitte. Seinen Namen erhielt er von der Szene im oberen Bildstreifen. Auf der rechten Seite außen beginnt die Geschichte. Susanna liest zwischen zwei den Garten andeutenden Bäumen in der heiligen Schrift, während die beiden Ältesten jeweils hinter dem Baum hervorlugen. Auf der linken Seite setzt sich die Geschichte fort. Dort sieht Daniel der Steinigung der Ältesten zu, die Susanna zu verführen suchten und dann verleumdeten. Dazwischen steht Abraham mit dem für das Opfer auf dem antiken Altar bereits gefesselten Isaak. Die untere Zone zeigt die Geschichte der drei Jünglinge im Feuerofen sowie die Errettung Daniels aus der Löwengrube gefolgt vom Untergang der die Israeliten verfolgenden ägyptischen Heere im roten Meer. Rechts außen führt Miriam den Zug der Israeliten weiter. Deutlich sind andiesem Sarkophag die Bohrlöcher stehen geblieben, die das Haar der Figuren modellieren. Bei dem *Baumsarkophag* (Inv. Nr. 9) trennen mit Laubwerk versehene Baumstämme vertikal die einzelnen Szenen, während sich ihre mit Vögel besetzten Laubkronen über die ganze Breite der skulptierten Front durchgängig ausbreiten. Dieser Typus verbreitete sich um 350/75. Deswegen ist der Bildhauer gezwungen, sich auf jeweils zwischen den Stämmen in Nischen eingetiefte zweifigurige Szenen zu konzentrieren. Christus erinnert in seiner Jünglingsgestalt beinahe an Apollo, wenn er das Wunder zu Kanna vollbringt oder das Brot vermehrt, indem er beide mit dem Stab berührt. An den Außenseiten sind jeweis Heilungsszenen dargestellt. Der *Säulensarkophag* (Inv. Nr. 5) entstand im letzten Viertel des 4. Jahrhunderts, wobei eine Kolonnade mit Pultdach angedeutet ist, vor der die zwölf Apostel mit dem nunmehr bärtigen Christus versammelt sind. Der reiche Motivschatz der Sarkophagplastik kann im Musuem und in der Nekropole in allen möglichen Varianten vorgefunden werden. Auch die stilistische Entwicklung läßt sich lückenlos verfolgen.

Douaumont, Soldatenfriedhof bei Verdun

In den Schlachtfeldern von Verdun ragt neben dem während der Kriegshandlungen untergegangenen Dorf Fleury, dessen Grundriß in einem Waldstück markiert worden ist, auf einem benachbarten Hügelkamm die von weither sichtbare steinerne Totenlaterne des Ossuaire von Douaumont auf. Die Gestalt des Turmes erinnert an architektonische Entwürfe des Berliner Architekten Erich Mendelsohn (1887–1953) aus den Zwanziger Jahren. Die Architektur erscheint jedoch symbolhaft. Äußerlich wirkt sie wegen der zylindrisch- konisch zulaufenden Form einem Projektil nachgebildet und verweist darauf, daß durch solche Sprengkörper der sinnlose Tod über 130 000 Menschen gebracht worden ist. Zusätzlich ist in diese Form die Gestalt eines Kreuzes eingeschrieben. Im Turm hängt die mit einem Kreuz gezierte Friedensglocke.
In dem 137 Meter langen, einen Bunker assoziierenden Gewölbe reihen sich verschiedene Grüfte aneinander. Viele zerschmetterte, von Granaten zerfetzte Gebeine von Soldaten, bei denen eine Identifizierung des Leichnams nicht mehr gelungen ist, wurden hier wie in einem riesigen 804 Kubikmeter großen Karner aufgehäuft. Davor erstreckt sich der Heeresfriedhof mit Gräbern von 15 000 gefallenen französischen Soldaten, deren Namen noch ermittelt werden konnten.
Zahlreiche weitere Denkmäler erinnern an tragisches Geschehen. Unterhalb des ausradierten Fleury wurde in einer kleinen Kapelle ein Marienstandbild »Unsere liebe Frau von Europa« aufgestellt, um als Mahnung auf die weltumspannenden Ausmaße dieser Katastrophe hinzuweisen. Ein steinernes Skelett eines Gefallenen mit einem Fetzen Fahnenstoff auf der Höhe 304 steht unter konventioneller gelösten Mahnmalen, welche die auf vielen anderen Kriegerdenkmälern auch verbreiteten Symbole wie Adler, Helme, Schwerter oder fünf eine Phalanx bildende überlebensgroße Soldaten, wie auf dem Kriegerehrenmal vor der Porte Chausée in Verdun, aufweisen. Letzteres Denkmal hat die Stadt ihren beim Kampf um Verdun gefallenen Einwohnern errichtet.
Für Frankreich ist der Verlauf der Nationalstraße von Bar-le-Duc nach Verdun zur Voie sacrée geworden und damit Symbol des Widerstandes gegen die feindlichen Heere. Unter großen Entbehrungen transportierte man über die 50 km lange, einzig noch offene Verbindung zum Hinterland den Nachschub in den Festungbogen während der Kämpfe 1916.
Verdun bildete während des Ersten Weltkriegs den Eckpfeiler der französischen Front, den 1916 nach der Schlacht an der Marne 1914 und der Winterschlacht in der Champagne 1915, das deutsche Heer einnehmen wollte. Die Schlacht begann am 21. Februar. Der Angriff überraschte zwar zunächst die französische Abwehr, doch entstand ein blutiges Gerangel um jeden Meter Boden, der mit dem zutreffenden Begriff der »Hölle von Verdun« apostrophiert worden ist. Die Schlacht mit täglichen Stürmen und Gegenangriffen unter Trommel- und Sperrfeuer dauerte bis in den Spätherbst und endete ergebnislos unter großen Verlusten beiderseits. Man kann von ungefähr 250 000 Toten insgesamt ausgehen. Dieser Krieg unterschied sich gegenüber allen bisher bekannten früheren kriegerischen Auseinandersetzungen, weil er von Millionenheeren an ausgedehnten Fronten geführt und gleichzeitig zu einer riesigen Materialschlacht wurde. Er endete mit der Niederlage der sogenannten Mittelmächte, zu denen Deutschland, Österreich-Ungarn, Bulgarien und die Türkei gehörten.

Hunawihr/Elsaß, Wehrkirchhof

Einer der malerischsten befestigten Friedhöfe befindet sich oberhalb des Dorfes Hunawihr im Elsaß in Sichtweite der Ulrichsburg oder Groß-Rappoltstein, der auf einer Felsklippe gelegenen Burg Klein-Rappoltstein oder Girsberg und dem Hohenrappoltstein, auch Altenkastel genannt. Der älteste Bauteil der spätgotischen Kirche ist der befestigte ehemalige Chorturm mit einem gewölbten Erdgeschoß und einer sich um die Wände ziehenden im Jahr 1492 vollendeten Ausmalung mit Darstellungen aus der Legende des hl. Nikolaus. Der Chor wurde 1524 errichtet und sollte erster Bauabschnitt einer großzügig geplanten Kirchenerweiterung für die Wallfahrt zur im 7. Jahrhundert hier beigesetzten hl. Huna sein. Dies geschah als unmittelbare Folge nach Anerkennung der Verehrung der Heiligen durch Papst Leo X. (1475–1521). Bereits 1520 wurden ihre Gebeine durch den Generalvikar der Diözese Basel Thelamonus erhoben, der Schrein jedoch im Frühjahr 1525 während des Bauernkrieges erbrochen. Nach Einführung der Reformation gegen 1534 wurden die Reliquien zerstreut. Damit war auch jede Baumaßnahme unterbrochen, so daß heute das zweischiffige flachgedeckte Mittelschiff und der sterngewölbte Hauptchor in den Proportionen nicht aufeinander abgestimmt sind.
Diese Kirche wird von einer hohen Mauer mit sechs runden Schalentürmen umgeben. Der in das Innere des um die Kirche gelegenen Friedhofs führende Torbogen erweist sich als Überrest eines Verteidigungsturmes, dessen Gleitbahnen vom Fallgatter und die seitlichen Schießschächte noch erkennbar sind. Ursprünglich besaß der mittlere Teil der westlichen Mauer den Hauptzugang genau dem spätgotischen Kirchenportal gegenüber. Durch die Erweiterung des Chores berührt heute dessen Außenmauer fast die Ringmauer.
Ursache für die Anlage solcher befestigter Kirchhöfe in der 2. Hälfte des 15. Jahrhundert waren die zahlreichen Kriege und Fehden, die Kurfürst Friedrich der Siegreiche von der Pfalz (1451–1476) mit seinen Gegnern ausgetragen hatte. Hunawihr gehörte als Ort nämlich den Grafen von Württemberg. Ulrich V. von Württemberg zählte zu den Reichshauptleuten Kaiser Friedrich III. (1415–1493) und damit zu den Gegnern Friedrichs. Die militärischen Entscheidungen wurden zu jener Zeit nicht nur in den Feldschlachten gesucht; sie bildeten lediglich die Höhepunkte der Auseinandersetzungen. Man versuchte vielmehr, um große Verluste zu vermeiden, den jeweiligen Gegner an seiner wirtschaftlichen Basis zu schädigen, indem man gegenseitig die Dörfer überfiel und ausplünderte, Äcker und Weinberge verwüstete, Bauern und Winzer totschlug und von gefangenen Gefolgsleuten Lösegeld erpreßte. Die Bevölkerung schützte sich vor allem mit Kirchen- und Friedhofsbefestigungen. Dies erfolgte mit Genehmigung der Ortsherren, die die Kirchhofmauern dann mit Bastionen versahen und der Bevölkerung Waffen zur Verfügung stellten. Dem Charakter nach galten solche Wehrkirchhöfe als Burgen. Ein Problem bildete die Trinkwasserversorgung im Belagerungsfall, denn der Kirchhof verbot die Anlage von Brunnen. Deswegen wurden hölzerne Deichelleitungen gelegt und Zisternen gegraben. Die Anlagen boten nur Schutz vor Bogen, Armbrüsten und kleinen Handfeuerwaffen, den nach 1500 konstruierten Geschützen waren sie fortifikatorisch nicht mehr gewachsen und verloren rasch ihre militärische Bedeutung.
Solche Wehrkirchhöfe finden sich in vielen Ländern Europas zu jener Zeit, besonders in Franken und Thüringen, der Pfalz, dem Elsaß, aber auch Siebenbürgen und Mähren, überall dort, wo Feinde abgewehrt werden mußten.

Paris, Cimetière des Innocents

An den berühmten Pariser Friedhof der kleinen Kirchengemeinde »Saints-Innocents« erinnern nur wenige Zeugnisse. Schräg gegenüber der Handelsbörse liegt der kräftig sprudelnde Brunnen nach dem Friedhof »Fontaine des Innocents« genannt. Er lehnte sich einst mit zwei Seiten an das Beinhaus an. Lorenzo Bernini (1598–1680) erklärte bei seinem Parisbesuch, er habe in ganz Frankreich nichts Schöneres als diesen Brunnen entdeckt, ein Meisterwerk, das 1547/49 Architekt Pierre Lescot (1.Viertel 16. Jahrhundert–10. 9. 1578) in schon an den Tuillerien bewährter Zusammenarbeit mit dem Bildhauer Jean Goujon (um 1510–um 1564/68) geschaffen hat.
1787 versetzte man ihn nach Abbruch des »charniers des Innocents« und mußte, weil nur zwei Schauseiten vorhanden waren, jetzt vier Schauseiten ausbilden. Man bog dabei die Hauptfassade im rechten Winkel quasi um und fügte die vierte Fassade dem würfelförmigen Kuppelbau hinzu. Da Goujon seinerzeit nur fünf Nymphenreliefs mit einer Wasserurne in graziler Bewegung geschaffen hatte, ergänzte Augustin Pajou (1730–1809) die restlichen drei. Die Attika-Reliefs zeigen auf Muscheln und Delphinen schwimmende Putten, die Sockelreliefs Tritonen und Neriden. Jeweils ein Victorienpaar dient zur Füllung der Arkadenzwickel. Die Figuren lassen nach antiker Art ihre im Kontrapost aufgefaßten Körperformen unter dem Gewand hindurchscheinen.
Bereits 640 wird der Friedhof erstmals erwähnt. Er geriet 1186 ins Gerede, als der verantwortliche Inspektor Guillaume de Breton während einer Inspektion Frauenzimmer, Bettler und Strolche angetroffen hatte und seinem König Philippe-Auguste (1180–1223) meldete, daß dort Hurerei getrieben werde. Aus diesem Grund wurde der Friedhof mit einer hohen Mauer umgeben, damit das in der Nachbarschaft in den von ihm erbauten »champeaux« stattfindende öffentliche Marktgeschehen nicht gestört werden konnte.
Im 16. Jahrhundert war Paris von der Pest häufig heimgesucht. Der Cimetère des Innocents diente als Pestfriedhof, dessen Erde die Leichen rasch zersetzte. Noch zu Voltaires Lebenszeiten (1664–1778) war der Friedhof stark belegt. 2000 Bestattungen wurden pro Jahr durchschnittlich verzeichnet. Die Klagen aus der Nachbarschaft über üble aus den Gräbern aufsteigende Dünste führten Ende des 18. Jahrhunderts zu polizeilichen Untersuchungen. Als 1779 in die Häuser der Rue de la Lingerie eine Flüssigkeit aus den Gräbern sickerte, nahm dies Polizeidirektor Alexandre Lenoir (1761–1839) zum Anlaß, sofort den Friedhof zu sperren. Er vollzog damit einen Erlaß König Ludwig XVI. (1754–1793), der aus hygienischen Gründen die Schließung aller in der Stadt gelegenen Friedhöfe entprechend eines Votums des Stadtparlamentes von Paris angeordnet hatte.
Die Auflassung des Friedhofs wird im Januar 1786 eingeleitet und dauert 15 Monate. 80 Grüfte und 59 Gemeinschaftsgräber werden ausgehoben, 20 000 Leichname und Skelette in Leinentücheren geborgen und in die Katakomben am Place Denfert-Rochereau, einst unterirdische Steinbrüche aus der Römerzeit, gebracht, wo die menschlichen Knochen meterhoch zu Pyramiden aufgeschichtet wurden. Dorthin kamen auch die Überreste der anderen aufgelösten Friedhöfe. Priester, Ärzte und die Polizei wachen darüber, daß die Würde gegenüber den Toten nicht verletzt wird. Anstelle des Cimetère des Innocents wurden 1854–66 von Victor Baltard (1805–1874) zehn Hallen in einer aus Eisen und Glas bestehenden Konstruktion errichtet. Auch sie wurden 1972 gesprengt – heute erhebt sich hier die Handelsbörse.

Die Katakomben

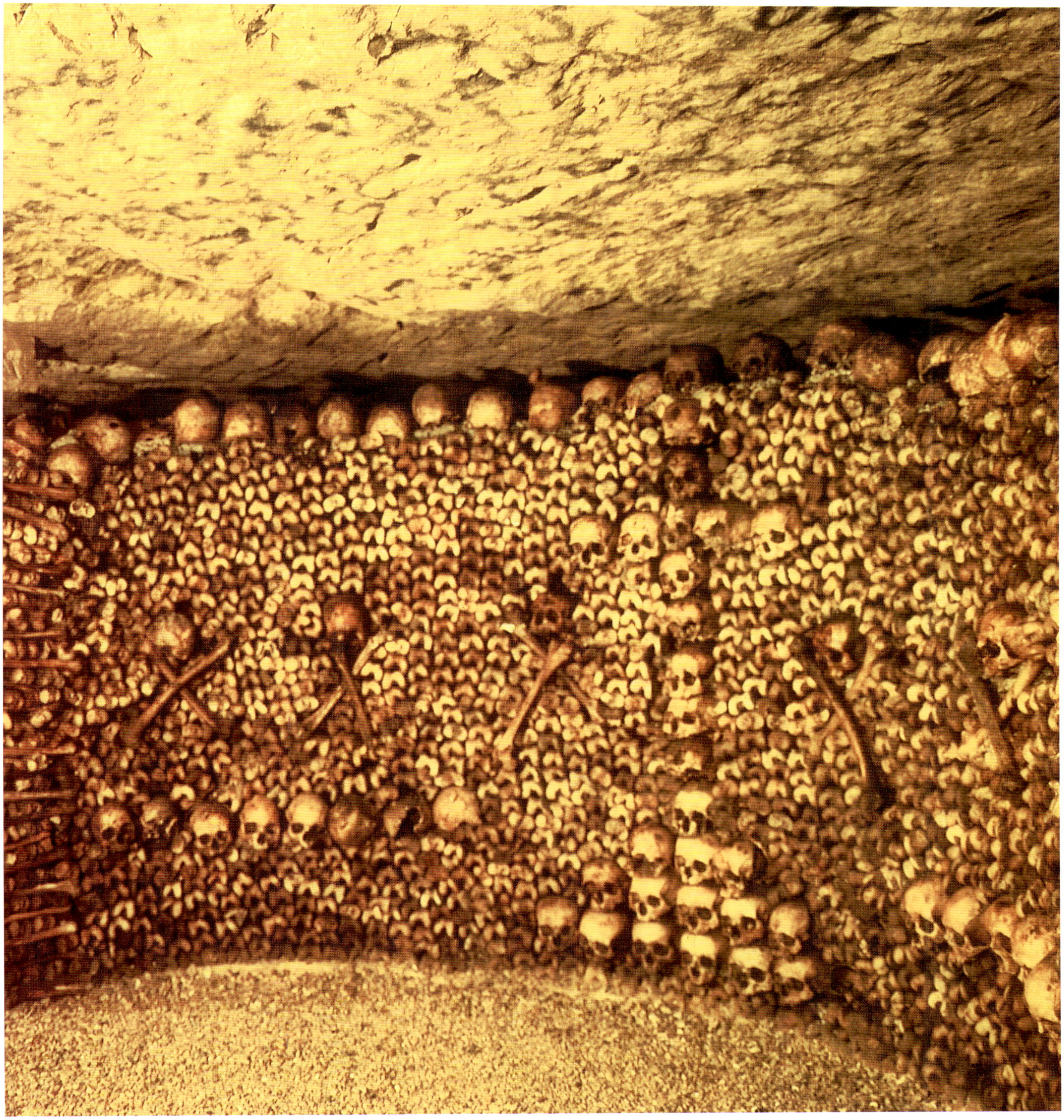

Paris, Cimetière Montmartre

»Sterbe ich in Paris, so will ich auf dem Friedhof des Montmatre begraben werden, auf keinem anderen, denn unter der Bevölkerung des Faubourg Montmatre habe ich mein liebstes Leben gehabt.« So verfügte es Heinrich Heine (1797–1856) in seinem Testament vom 13. November 1851. 35 Jahre hatte der deutsche Dichter in Paris verbracht. Bei seiner Beisetzung begleiteten ihn etwa 100 Trauergäste, darunter Gustave Flaubert (1821–1880). Ihm war die Anteilnahme der Pariser Bevölkerung zu geringschätzig. Deswegen machte er noch 28 Jahre später seinem Zorn darüber Luft.

Die Geschichte des Heine-Grabes spiegelt auch das zwiespältige Verhältnis der Deutschen zu ihrem Dichter. Als Kaiser Wilhelm II. (1859–1941) 1907 die Villa »Achileion« auf der Insel Korfu von der österreichischen Kaiserin Sissi erworben hatte, störte ihn das im Park 1883 nach einem Entwurf des dänischen Bildhauers Loius Hasselrijs (1844–1912) aufgestellte Denkmal Heinrich Heines. Weil er keine Verwendung weder für das Gartenmonument des schwerleidenden, in seinem Stuhl zusammengesunkenen sitzenden Dichters noch für die vom gleichen Bildhauer geschaffene Büste hatte, bot er sie zum Verkauf an. Mehrere Städte, darunter Düsseldorf und New York, lehnten ab, so daß der in Hamburg ansässige Verlag Heines Hoffmann & Campe die Sitzfigur 1909 erwarb und ein Jahr später im Barkhof an der Mönckebergstraße aufstellen ließ. Die Büste Heines ließ der Kaiser nach Paris transportieren, wo sie schließlich von Heine-Verehrern auf seinem Grab aufgestellt wurde. Das Hamburger Denkmal war Schändungen seit Ende der zwanziger Jahre von Rechtsradikalen und Nationalsozialisten ausgesetzt und wurde 1939 von den Erben Campes der Stadt Toulon geschenkt. Auf dem Heinegrab in Paris wurde die Namensinschrift während der deutschen Besetzung im Zweiten Weltkrieg gelöscht und immer wieder von französischen Angehörigen der Resistance angebracht. Viele Künstler sind auf dem seit 1795 bestehenden Friedhof beigesetzt. Heines Grab ist die meistbesuchte Stätte. Doch neben dem Dichter wurden in Massengräbern für Heimatlose auch Bohémiens hier zur letzten Ruhe gebettet, wie Isidore Ducasse (1846–1870) beispielsweise, der unter dem Pseudonym Comte de Lautrèamont die »Gesänge des Malodor« veröffentlicht hatte.

Auch Vorbilder für literarische Figuren kann man entdecken, beispielsweise das Grabmal von Delphine Couturier, die als Bauerntochter aus der Normandie einen Landarzt geheiratet, aus Langeweile sich nacheinander mehrere Liebhaber gehalten und sich letztendlich selbst vergiftet hatte. Gustave Flaubert (1821–1880) formte aus ihrem Schicksal das der Titelfigur seines Romanes »Madame Bovary«. Die Kameliendame aus dem 1848 erschienen Roman von Alexandre Dumas hieß Marie Duplessis (1794–1847), die von der einfältigen Provinzlerin zur schillernden Salonlöwin Alphonsine Plessis in der Welt der Demimonde mutierte. Aristokraten, Stützen der Gesellschaft, aber auch Schöngeister, wie Alfred de Musset (1810–1857) oder Alfred de Vigny (1797–1863) lagen ihr zu Füßen. In der Oper La Traviata von Verdi wurde aus ihrer Gestalt die in den Armen ihres Liebhabers sterbende Violetta Valéry. Mit einer weißen Kamelie signalisierte sie ihren Liebhabern ihre Bereitschaft, während eine rote den Umgang mit ihr untersagte. Auf dem Friedhof von Montmatre wird nicht nur Geschichte spürbar, an der etwa René Waldeck-Rousseau (1846–1904) als Präsident der Dritten Republik mitgestaltete, vielmehr erzählt er Geschichten und Anekdoten und dokumentiert so das Sterbliche von den Unsterblichen.

S. 83: Grabmal von Heinrich Heine

Berühmte Persönlichkeiten

u.a. Hector Berlioz (1803–1869), Komponist
Georges Feydeau (1862–1921), Dichter
Jean-Hoinoré Fragonard (1731–1806), Maler
Edgar de Gas (Genannt Degas) (1834–1917), Maler
Théophile Gautier (1811–1872), Dichter
Sacha Guitry (1885–1937), Dichter
Jaques Offenbach (1819–1880), Komponist
Stendhal, d.i. Marie Henri Beyle (1783–1842)
Francois Truffaut (1932–1984), Filmregisseur

HEINRICH HEINE

Paris, Cimetière Montparnasse

Die Anlage des Südfriedhofs Montparnasse war außerhalb der Zollmauern und damit ursprünglich außerhalb der Stadt gelegen. 1794 ordnete Polizeipräsident Alexandre Lenoir (1761–1839) als Ersatz für die aufgelassenen Friedhöfe von Vaugirard und Sainte-Catharine eine Neugründung auf dem Gelände der nach 1651 gegründeten Jesuitenschule an. Das Areal wurde im Rahmen der Neugestaltung des Begräbniswesens in Paris auf Grund eines Erlasses des ersten Saine-Präfekten Nicolas-Thérèse-Benoit Frochot (1761–1821) vom zweiten Ventoise des Jahres XI (1801 n. Chr.) zur Verfügung gestellt. Hier sollten zunächst die Verstorbenen der Armenhäuser und die durch die Guillotine hingerichteten Verbrecher beigesetzt werden. 1824 wurde der Friedhof mit einer Mauer umgeben und zur Beisetzung bürgerlicher Schichten eröffnet. Die auf dem sechs Hektar umfassenden Areal befindliche Mühle wurde kurzerhand zu einem Wärterhäuschen umfunktioniert. Heute bildet der Friedhof eine Oase mitten im Großstadtgeschehen. Ihn kennzeichnen weniger die von einem geraden Wegenetz durchzogenen 30 Divisionen mit gepflegten Mausoleen unter entsprechendem Baumbewuchs, sondern die seit 1981 sterilisierten und registrierten (!) und von älteren Damen und Herren angefütterten Katzen und die Spiegelung des Quartiers, das als Künstlerviertel seine Bedeutung erhalten hat. Beispielsweise hat 1902 der Bildhauer Alfred Boucher (1850–1934) eine Colonie für artists gegründet, indem er einen dreistöckigen Rundbau aus Ziegeln mit Spitzdach erwarb und sechzig Ateliers darin unterbrachte. Man gab diesem merkwürdigen Bau den Namen La ruche= Bienenkorb. Hier lebten mittellose und namenlose Künstler, aber auch solche, die den Bienenkorb als Berühmtheiten verließen, wie Marc Chagall (1889–1983). Von den einstigen Bewohnern der ruche fanden Henri Laurens (1885–1954), Ossip Zadkine (1890–1967) oder Chaime Soutine (1894–1943) auf Montparnasse ihre letzte Ruhe. Auch Beerdigungen auf diesem Friedhof machten Geschichte. Dem fast unbemerkt in der Öffentlichkeit beigesetzten Dichter Charles Baudelaire (1821–1867) wurde später in der Avenue transversale ein Denkmal errichtet. Dem Sarg des Schriftstellers Guy de Maupassant (1850–1893) folgten nur vier Freunde und drei Liebesdienerinnen. Die Pariser Bevölkerung zahlte ihm die Verachtung heim, die er der Gesellschaft gegenüber zu Schau gestellt hatte. Außerdem griff er ihre Laster äußerst realistisch und präzise in seinen Novellen und Romanen auf. Im Gegensatz dazu folgten 1980 Tausende dem Sarg von Jean Paul Sartre (1905–1980). Der große Philosoph ist direkt hinter dem Haupteingang begraben, neben ihm ruht seit 1986 seine Lebensgefährtin Simone de Beauvoir (1908–1986).

In dem regelmäßig im Rastersystem angelegten Quartieren finden sich die älteren Gräber in der Nähe des Carrefour du Rond Point. Hierzu gehört das Denkmal für den Bildhauer Francois Rude (1784–1855), der am Arc de Triomphe den Auszug der Freiwilligen von 1792 darstellte. Vom genrehaften Sujet her bemerkenswert sind die Reliefs mit Szenen aus dem Leben des bedeutenden Chirurgen Jaques Lisfranc (1790–1839). Sowohl die Vorlesung im Hörsaal am Hôpital de la Pitiè als auch eine Operation im Feldlazarett werden geschildert. Pierre Larousse (1817–1875) fand hier sein Grab. Er hatte 1852 zusammen mit Augustin Boyer das französische Wörterbuch in seiem Verlag herausgegeben, bis heute ein Standartwerk. Auch Alfred Dreyfus (1859–1935), dessen Fall zwölf Jahre lang die Gerichte beschäftigte und letztendlich auf Fürsprache Emile Zolas (1840–1902) zum Freispruch vom Vorwurf des Landesverrates führte, ist hier beigesetzt.

Berühmte Persönlichkeiten

u.a. Constantin Brancusi (1876–1957), Bildhauer
Paul Belmondo (1899–1982), Schauspieler
Jules Breton (1827–1906), Dichter
Emmanuel Chabrier (1841– 1894), Komponist
César Franck (1822–1931), Komponist
Camille Saint-Saens (1835–1921), Komponist
Joseph Recamier (1774–1852), Mediziner
Tristan Tzara (1896–1963), Dichter

Paris, Père Lachaise

Das Gelände des heute im Pariser Stadtteil Ménilmontant gelegenen berühmtesten Stadtfriedhof Pére Lachaise gehörte im Mittelalter dem Bischof von Paris, der dort Weizen und Wein anbauen ließ. 1626 haben es Jesuiten erworben und bauten sich in der dörflichen Umgebung ein Erholungsheim. Es wurde von Pater Francois de la Chaise d'Aix geführt, der bis zu seinem Tod 1709 Beichtvater König Ludwig XIV. (1638–1715) war. Er avancierte später zum Namensgeber des Friedhofs. Um 1763 mußte der Jesuitenorden das Gelände veräußern, um seine Schulden begleichen zu können. Es erwarb der sonst unbekannte Maler Jean Baptiste Gratin, von dem es an die Familie Baron überging. 1804 kaufte im Auftrag des Pariser Stadtparlamentes der Seine-Präfekt Nicolas-Thérèse-Benoit Frochot (1761–1821) für 180 000 Francs das 17 Hektar umfassende Gelände. Dorthin sollte der Friedhof der Gemeinde Saint-Marguerite verlagert werden.
Architekt Alexandre Théodore Brongniart (1739–1813), der u.a. die Pariser Börse entworfen hatte, gestaltete die hügelige Landschaft zu einem Park um. Er wollte den Forderungen Jean Jaques Rousseaus (1712–1778) nacheifern, indem er den Friedhof als Elysium für die vom Leben Erschöpften gestaltete, »in dem die Melancholie ihre Träume schweifen läßt; sie sollen von Zypressen, von Pappeln mit zitterndem Blattwerk und Trauerweiden überschattet sein.«
Die offizielle Eröffnung fand am 21. Mai 1807 statt. Bereits gegen 1805 waren 113 Särge, Kapellen und Mausoleen aus den aufgegebenen Friedhöfen der Innenstadt hierher übertragen worden, etwa das Grab Molières (1622–1673) oder La Fontaines (1621–1695). Auch das berühmteste Liebespaar des Mittelalters, Abélard (1079–1142) und Heloise (1101–1164) wurden, nachdem sie aus der Abtei Paraclet bei Nogent-sur-Seine in das Musée des Monuments Français gelangt waren, 1817 hierher überführt.
Damit war aber ein Wechsel in der Einstellung der Pariser Bevölkerung diesem Friedhof gegenüber verbunden. Rousseaus literarisches Werk »la nouvelle Héloise« führte zu zahlreichem Besuch der Grabesstätte durch Liebende. Schließlich wurde es geradezu für die vornehme Pariser Gesellschaft zur Verpflichtung, sich auf diesem Friedhof ein Erbbegräbnis zu sichern. Die Nachfrage führte dazu, daß man bereits 1821 schon 800 solche Konzessionen erteilt hatte. Damit verwandelte sich aber der ursprünglich vorgesehene Landschaftspark mit seinen in weitem Abstand zwischen Bäumen eingefügten Gräbern zu drangvollem Nebeneinander schier endloser Grabreihen. Der Stein dominierte über die Natur, obwohl immer noch die Wegeränder von Bäumen flankiert waren.
Der Friedhof stand immer wieder im 19. Jahrhundert im Mittelpunkt politischer Auseinandersetzungen. 1814 verteidigten sich acht Tage vor der Abdankung Napoleon Bonapartes (1769–1821) Schüler der Ecole Polytechnique und der Ecole Vétérinaire gegen russische Angreifer. Ende Mai 1871 verschanzten sich die letzen Kommunarden , so daß es zwischen den Gräbern zu gnadenlosen Nahkämpfen gekommen ist. Nach der Niederlage der Aufständischen erschoß man im Morgengrauen des 28. Mai die 147 Überlebenden an der Mauer der Föderierten. Sie ist eine Gedenkstätte der französischen Linken geworden.
Der Friedhof genießt heute mit seiner üppigen Vegetation als Erholungsort einen guten Ruf. Ebenso suchen viele die Kapellen, deren erste 1815 die Familie Greffulhes errichten ließ und viele Nachahmer fand, und die Grabdenkmale der zahllosen Berühmtheiten aus Politik und Kultur auf.

Berühmte Persönlichkeiten

u.a. Guillaume Apollinaire (1880–1918), Dichter
Daniel François Auber (1782–1871), Komponist
Honoré de Balzak (1799–1850), Schriftsteller
Gorge Bizet (1838–1875), Komponist
Camille Corot (1796–1875), Maler
Eugéne Delacroix (1798–1863), Maler
Isidora Duncan (1878–1927), Tänzerin
Max Ernst (1891–1975), Maler
Jean Dominique Ingres (1780–1867), Maler
Ferdinand de Lespes (1805–1894), Erbauer des Suezkanals
Jim Morrison (1943–1971), Rocksänger
Max Ophuls (1902–1957), Filmregisseur
Camille Pissaro (1830–1903), Maler
Gioacchino Rossini (1792–1868), Komponist
Gertrude Stein (1874–1946), Kunstsammlerin, Schriftstellerin

FAMILLES VEECK et JACTA

Saint-Denis, Königsgräber

Die Abtei von Saint-Denis kann sowohl als Geburtsstätte der gotischen Kathedrale als auch als geistiger Mittelpunkt Frankreichs bezeichnet werden. Dies hängt mit den engen Verbindungen der Abtei zum französischen Königtum zusammen. Als der Merowingerkönig Dagobert I. (reg. 629–639) 628 das Frankenreich geeinigt hatte, gründete er um jene Zeit an der schon exisitierenden dreischiffigen Kirche über der Grabstätte des hl. Dionysius, dem ersten Bischof von Paris, eine Abtei. Dadurch wurde dieser Heilige zum Schutzpatron des französischen Königtums. An dieser Stätte ließen sie sich beisetzen. Ein um 750 begonnener Neubau einer dreischiffigen Säulenbasilika mit Querhaus wurde fünf Jahre später im Beisein Karls des Großen (742–814) eingeweiht.

Diese hier grundgelegte Verbindung zum Königshaus verstärkte sich seit dem 3. Jahrzehnt des 12. Jahrhunderts. König Ludwig VI. (1108–1137) nannte erstmals in einer Urkunde St. Dionysius »dux« und »protector«, also Fürst und Fürsprecher. 1124 gar bezeichnete er sich als Lehensmann des hl. Dionysius. Dahinter steht die Auffassung des mächtigen Abtes von St. Denis Suger (1181–1151), der das Verhältnis des Königs zu dem Kloster als Lehensband bezeichnete. Entsprechend hatte Ludwig VI. die auf dem Altar des hl. Dionysius niedergelegte Fahne aus der Hand des Abtes empfangen, mit der er den nach Frankreich eingedrungenen Kaiser Heinrich V. (1081–1125) besiegte.

Ab 1125 begann Abt Suger nach eigenen Plänen einen wegen der erstarkten Wallfahrt zu St. Dionysius notwendigen Neubau. 1137/40 entstanden Fassade und Vorhalle, der Chor wurde 1140/43 angefügt. Die heutige Gestalt erhielt die Königsgrablege im zu diesem Zweck überbreit proportionierten Querhaus jedoch erst nach dem Abriß des älteren Mittelschiffs und der Errichtung von Langhaus, Querhaus, Hochchor durch den Baumeister der Sainte-Chapelle von Paris Pierre de Montreuil (um 1200–1266), dem Architekten König Ludwig IX. (1214–1270), unter Abt Eudes- Clement (reg. 1230–1245). Man begann die Bauarbeiten am Chor im Jahr 1231, 1245 war die Königsgrablege vollendet. Die Gesamtweihe der Kirche fand 1282 statt.

Zu diesem Zeitpunkt wurden auch die Grabtumben aller früher hier beigesetzten französischen Könige neu angefertigt. Ihre Figuren befanden sich auf dem Tumbadeckel. In solchen Gräbern ruhten Chlodwig I. (466–511) , Dagobert I. (reg. 629–639), der Majordomus Karl Martell (um 676–741) oder Pippin der Kurze (714–768). Die Stilentwicklung der mittelalterlichen und neuzeitlichen Skulptur läßt sich anhand der Königsgräber ablesen, denn der letztbestattete König ist Ludwig XV (1715–1774).

Zu den künstlerischen Höhepunkten unter den Königsgräbern zählt das Monument, das König Franz I. (1515–1547) seinem Vorgänger Ludwig XII. (reg. 1498–1515) und seiner Gemahlin Anna de Bretagne (1476–1514) erichten ließ. Den Auftrag dazu erhielt Antoine Juste genannt Antonio di Giusto Betti (1479–1519). Den architrektonischen Gesamtentwurf lieferte Jean Perréal (um 1455–1530), während Jean I Juste genannt Giovanni di Giusto Betti (1485–1549), seit 1513 »Ymagier du Roy«und weiteren Gehilfen das Werk zwischen 1516 und 1531 ausführte. Eine mit vier Kardinaltrugenden besetzte Sockelbank enthält Flachreliefs, die von Taten des Königs künden, wie seine Alpenüberquerung und Szenen der Schlacht von Agnadello. Darüber erhebt sich ein in Arkaden öffnender kapellenartiger Überbau, auf dem das Königspaar kniet.

Krypta

S. 87: Sockel der Grabsäule für Françoise II., † 1560

Renaissance-Sarkophag von Anne de Bretagne, † 1514

Bretagne, Calvaires: Plougastel, Tronoen

Der bretonische Dichter Anatole Le Braz (1859–1926) hat eine poetisch zutreffende Charakteristik der bretonischen Landschaft geliefert, wenn er schreibt: »Gesehen aus einer Höhe, von der sie der Blick ganz umfassen könnte, würde sich die Bretagne dem Auge wie ein Wald unzähliger Kreuze und Kirchtürme darbieten: jene strecken ihre mit Figuren beladenen Arme über die Erde aus, diese schießen durch ihre durchbrochenen Arme in den Himmel.«
Tatsächlich ist die Bretagne von Kreuzen übersät, viele Wegkreuze stehen entlang der Straßenzüge. Die Besonderheit bilden jedoch Figurenkreuze und Calvairs, die es nur in der Bretagne im östlichen Teil des Léon, bei Morlaix und am Küstenstreifen bis Quimper gibt. Diese Calvaires als Mittelpunkte der bretonischen Friedhöfe schildern figurenreich und anschaulich die Passion Christi. Geschaffen wurden sie ohne künstlerischen Anspruch von einheimischen Steinmetzen und spielgeln so die des unmittelbaren Augenscheins bedürfende Religionspraxis der Bevölkerung. Sie will das Leiden Christi ganz unmittelbar erleb- und erfahrbar wissen.
Aus harten Granit ist ist der Sockel gebildet, zu dem gelegentlich Treppen zur figurenumstandenen Bühne, wie in Pleyben beispielsweise führen. In Tronoen erhebt sich der Calvaire einsam in der Heidelandschaft an der Bucht von Audierne in der Nähe zum Meer. Er gilt als einer der frühesten Beispiele dieses Typus und wurde wahrscheinlich Ende des 15. Jahrhunderts geschaffen. In zwei Zonen stehen die vor einer Rückwand aufgereihten Figuren und schildern Menschwerdung und Leiden Jesu. In der Darstellung der Geburt liegt Maria mit nackten Brüsten und offenem Haar auf dem geflochtenen Bett und streckt ihre Hände dem bereits als kleiner Pantokrator aufrecht stehenden Kind mit der Weltkugel in Hand entgegen. Mächtig sind dagegen die Kreuzbalken, die Jesus mit Hilfe Simons von Cyrene schleppen muß. Über dem mit den erzählenden, reliefierten Bildstreifen gezierten Sockel erheben sich die drei Kreuze; unter dem mittleren stehen Maria und Johannes. An der Rückseite des Kreuzstammes befindet sich ein Vesperbild, jene nichtbiblische Darstellung, in der die Gottesmutter den toten Sohn auf ihrem Schoß hält. Daneben steht Veronika mit dem Schweißtuch. Singulär unter den Calvairs ist hier die Darstellung der Noli-me-tangere-Szene, in der Christus Maria Magdalena erscheint, sie ihn aber für den Gärtner hält.
Auf der Halbinsel Plougastel zählt die 1602–1604 errichtete Anlage als Erfüllung eines Pestgelübdes ungefähr 180 Figuren, die 20 Szenen der Passion illustrieren. Dem Dichter Flaubert fielen 1847 die gutmütigen Eselsdarstellungen auf: »...das Grautier«, schreibt er in »Par les Champs et par les grèves«, »das unseren Herrn beim Einzug nach Jerusalem trägt, hat eine wahre Eselsmiene, gutmütig und friedfertig.« In 25 Szenen und 150 Figuren erzählt der Calvaire von Guimiliau voll barocker Lebenslust beispielsweise das Abendmahl als irdischen Genüssen vorbehaltenes Fest. Der Fuß des Petrus wird in der Szene der Fußwaschung von Jesus regelrecht mit einem Lappen eingeseift, die Kriegsknechte tragen breite Halskrausen und zeitgenössische, barocke Gewandung.
Paul Gaugin (1848–1903) hielt 1888 in einem heute im königlichen Musuem in Brüssel befindlichen Gemälde die Vesperbildgruppe vom Figurenkreuz in Nizon fest. Er deutete sie dabei entsprechnd seiner Auffassung beinahe zu einem archaischen Kultobjekt um und entrückte das Bild weg von dem Dreiklang Pfarrkirche-Kirchhof-Meer in eine paradadiesische Seenlandschaft.

Tronoen

S. 89: Guimiliau, Kalvarienberg
Folgende Doppelseite: Pontchateau, Kalvarienberg

Irland

Cashel (Tipperay)

Runder Turm mit Friedhof, Mitte 8. Jahrhundert

Die charakteristische Gestalt des irischen Friedhofs mit Kirchen bzw. Kirchenruine, hoch aufragendem Rundturm und zu seinen Füßen unregelmäßig verteilten Grabsteinen, sowie Hochkreuzen auf grüner Wiese läßt sich bis zur Jahrtausendwende zurückverfolgen. Ein aufschlußreiches Beispiel bietet der runde Turm auf dem Friedhof des Bischofssitzes von Cashel (Tipperay), dessen Erbauer Cormac I. Mac Cuilleannain († 908) war. Der begabte Poet war Bischof und König zugleich. Bei dem Versuch, Hochkönig zu werden, fiel er in der Schlacht bei Ballaghmoon. Cormacs Chapel, ein Kleinod im hiberno-romanischen Stil entstand unter Bischof Cormac II. Mac Carthy zwischen 1127 und 1134. Das Hochkreuz von Cashel ziert Reliefdarstellungen aus dem Leben des hl. Patrick.

Nur in Irland sind die auf gälisch »Cloigtheachs«= Glockenturm genannten Türme verbreitet. Sie hatten in den Klosterbezirken die Aufgabe, die Mönche durch Geläut von Handglocken zusammenzurufen. Da ihre Türen erst drei bis fünf Meter über dem Erdboden liegen, wird ihre Zufluchtfunktion in Notzeiten deutlich. Sie verjüngen sich nach oben hin, die einzelnen meist fünf Stockwerke sind im Inneren mit einer Leiter verbunden. Eine konische Dachkonstruktion bildet den Abschluß. Die Stilentwicklung reicht von den aus grob behauenen Steinen zusammengefügten Bauten wie Casteldermot (10. Jh.) bis hin zu dem eleganten Turm von Ardmore, der die für die Spätzeit der Romanik charakteristische Entarsis aufweist. Die Hochkreuze waren keine Grabkreuze im üblichen Sinn, obwohl sie immer auf den Begräbnisstätten der Klöster aufgestellt worden sind. Die frühesten Beispiele waren Menhire aus der vorchristlichen Zeit, die später mit Kreuzen und lateinischen Inschriften versehen worden sind, etwa der Menhir bei Reask oder der mit einem Kreuz im Kreis versehene Stein von Inishmurray, einer ehemaligen Klosteranlage des 6. Jahrhunderts. Man ging dann dazu über, den Steinblock in Kreuzesform zu hauen und mit Flechtwerkbändern zu schmücken, die sich zur Gestalt der Kreuzform schlingen. Man wählte als Vorlagen die Verzierungen des Goldschmucks. Beispiele dafür finden sich in Cardonagh oder Fahan. Bei den frühen aus Sandstein gefertigten Hochkreuzen im engeren Sinn verbinden die vier Quadranten eines Kreises die Kreuzhasten und stabilisieren die Konstruktion. Beispiele finden sich bei den Ahenny-Kreuzen (Tipparey). Der reliefierte Dekor hebt sich wirkungsvoll vom Untergrund ab. Figürliche Darstellungen werden werden wie in den Kreuzen von Kells oder Duleek in die Flechtbänder und Ornamente eingewoben. Bei den sog. Bibelkreuzen des 10. und 11. Jahrhunderts wird der schlanke Schaft in mehrere Felder unterteilt, die mit szenischen Darstellungen gefüllt sind. Im Schnittpunkt von Längs- und Querhaste wurde fast immer ein Relief der Kreuzigung Christi eingesetzt. Beliebte Darstellungen am Schaft waren Adam und Eva, Kain und Abel, Wundertaten wie die Brotvermehrung, aber auch beliebte Heilige, wie die Urväter des Mönchtums, Antonius und Paul von Theben in der Wüste. In den mit Figurenreliefs geschmückten Hochkreuzen des 10. und 11. Jahrhunderts dient der Ring nicht mehr dem Halt der Querhasten, sondern erscheint mehr wie ein aus der Tradition übernommenes Element. Zu diesem Typus zählt das Muiredachkreuz in Monasterboice, vermutlich das am reichsten figürlich gestaltete Hochkreuz Irlands. Die späten Kreuze des 12. Jahrhunderts weisen antikisierende Akanthusornamente auf. Schlichter sind die Grabsteine auf den Friedhöfen gearbeitet.

S. 94: Der 32m hohe Rundturm
S. 95: St.-Patricks-Kreuz

Italien

Genua, Camposanto di Saglieno

1844–1851 wurde die Nekropole Genuas von Giovanni Battista Regaseo/Resasco (1799–1872), einem im Dienst der Genueser Zivilverwaltung stehenden Architekten in Erweiterung eines vorhandenen Konzeptes aus dem Jahr 1835 von Carlo Barabino (1768–1835) im Bisagnotal angelegt. Dabei nutzte man den Abhang eines Hügels für terrassenförmig angelegte Gräberfelder aus. Charakteristisch sind der im Mittelpunkt des Areals errichtete Rundbau mit einem Pronaos und zwei Portiken, ferner die auch in Mailand vorhandenen geschlossenen Arkadenhöfe mit Eckrotunden und im Inneren umlaufenden Galerien. Es entstand so ein städtebaulich durchdachtes Ensemble im Sinne einer Totenstadt.

Bei den zahlreichen, oft mit unglaublichem Pomp gestalteten figürlichen Grabmälern dominiert die Stilrichtung eines in gefährliches Fahrwasser geratenen, weil trivialisierten Verismus. Die dargestellten Personen nehmen allzusehr auf Wirkung berechnete Posen ein. Dazu kommt eine realistische Wiedergabe von möglichst vielen Details, doch bleiben Charakterisierung und Minenspiel in den Gesichtern an der der Oberfläche verhaftet und lassen ihren materiellen Charakter, den kühlen Marmor bei routinierter Technik, allzusehr spüren.

Es ist eine gefällige Auftragskunst entstanden. In vielen Gräbern wird ein Stück weit die berufliche und auch die private Sphäre der Auftraggeber dem Friedhofsbesucher mitgeteilt, ferner Mitteilung über die Todesursache gemacht, so daß eine Art Gucklochperspektive entstanden ist. Sie zieht auch die Touristen an. Das bekannteste Denkmal hat sich Catarina Campodonico (* 1881) von dem Bildhauer Lorenzo Orengo (Lebensdaten unbekannt) noch zu Lebzeiten selbst fertigen lassen. Sie stand ihm auch Modell. Orengo formte aus dem Marmorblock eine ältere, ein Kostüm tragende Frau mit einem Brezelkorb. Sie selbst übte diesen Beruf aus und war an verschiedenen Ecken der Stadt mit ihrem Stand bekannt. Die Grabinschrift ließ sie in von dem Dichter und Bohémien Gianbattista Vigo (1856–1918 <?>) stammende mundartliche Verse kleiden. Darin leuchtet die Ambivalenz dieses Grabdenkmals auf, einerseits das Monument einer ansonsten unbekannten Frau und ihres bescheidenen Lebens zu sein, andererseits Protokoll des naiven Glaubens, auf diese Weise durch Selbstdarstellung in der Nachwelt unsterblich werden zu können.

Die das Sterbebett umgebenden trauernden Angehörigen wurde von dem Bildhauer Augusto Rivalta (1837/38–1925) für das Grabmal des Cavaliere Carlo Raggio gewählt. Dieses seit den Darstellungen des Marientodes in der christlichen Ikonographie bekannte Motiv wurde wie in Umsetzung einer Photographie mit allen Details des Sterbebettes bis hin zu den geschnitzten Bettpfostenbekrönungen skulptural gestaltet. Auch griff man gerne barocke Allegorien auf, wenn etwa die Gattin des Verstorbenen als modisch gekleideter, mit portraithaften Zügen und modisch aktueller Frisur ausgestatter Todesgenius das Antlitz des Verstorbenen mit einem Tuch verhüllt. Ein Beispiel befindet sich in den oberen Galerien und wurde von Giovanni Battista Villa (1832–1899) für Rafaele Pienovi († 1870) geschaffen. Ein anderes zeigt die Offizierswitwe Lavarello als Akt in der allegorischen Gestalt einer auf den Totenschädel blickenden Vanitas. Das Grabmonument entstand 1914 von Demetrio Paernio (1851–1914) in Anlehnung an die Gestalt der büßenden Maria Magdalena . Eine in protestantisch- pietistischen Kreisen verbreitete Darstellung ist die an der Pforte des Todes anklopfende Gestalt, hier die Witwe am Familiengrab Badaracco, eine Arbeit des Bildhauers Giovanni Battista Cevasco († nach 1866).

LUIGI
QUARTA

Mailand, Cimitero Monumentale

Neben der ligurischen Hafenstadt Genua muß in einem Atemzug der Cimitero monumentale von Mailand, der Hauptstadt der Lombardei aufgeführt werden. Seit etwa 1820 suchte die Stadtverwaltung, das Friedhofswesen neu zu ordnen, aber diverse Wechselfälle der Politik stellten sich dem ambitionierten Unternehmen in den Weg. Die Österreicher, die nach dem Wiener Kongreß 1815 Venetien und die Lombardei behauptet hatten, drängten die Stadt immer wieder, ihr Bestattungswesen zu verbessern. Es ist wie eine Ironie, genau zu jenem Zeitpunkt, als Österreich 1866 die italienischen Besitzungen nach dem preußisch-italienischen Krieg verloren hatte, gelang die Verwirklichung des neuen Friedhofs, der am 1. Januar 1867 offiziell eröffnet worden ist.

Die Gräberfelder und die Gebäude entstanden nach Plänen von Carlo Maciachini (1818–1899), der einen entsprechend ausgeschriebenen Wettbewerb gewonnen hatte. Er gestaltete die Bauten aus Backstein und Marmor in gotisch-lombardischen Architketurformen mit einem byzantinischen Einschlag. Zur Stadt hin schob er eine symmetrisch angeordnete Gebäudegruppe mit einer zentralen überkuppelten Kapelle, die auf einer Terasse angelegt ist und über eine große Freitreppe aus erreichbar ist. In diese Anlage hat Maciachini auch eine offene dreiflüglige Galeria eingebunden, in der sich mit besonderem Pomp ausgestatte Gräber befinden. Daran schloß er seitlich mit Eckrotunden ausgestattete Arkadenhöfe an. Ein ausgreifendes Mauerrechteck endet nördlich mit halbrunden Rahmenbauten für Grabdenkmale. Davor liegt dann das Gräberfeld, dessen Wegenetz axial angelegt ist.

Auf diesem Friedhof breiteten sich die Familienerbbegräbnisse so stark aus, daß schon 1876 der Friedhof auf die Gesamtfläche von 19 Hektar erweitert werden mußte. Hinzu kam ein eigenes Areal für Urnenbeisetzungen – doch war der Friedhof immer noch zu klein für die rasch wachsende Stadt. Deswegen gelangte man 1886 zu einer ungewöhnlichen Lösung, eine Scheidung der gesellschaftlichen Klassen auch auf dem Friedhof vorzunehmen. Der Cimitero monumentale sollte auschließlich für Familienerbgräber mit Grabdenkmalen in monumentalen Ausmaßen oder Mausoleen und Grabkapellen reserviert bleiben, während die Reihengräber auf einem 40 Hektar großen Areal fünf Kilometer vom Stadtinneren entfernt in der Nähe der Certosa von Musocco angelegt werden sollten. Dorthin wurde eigens eine Straßenbahnlinie geführt. 1895 weihte der für seine Arbeiterseelsorge bekannte Kardinal Andrea Giacomo Ferrari (1850–1921) von Mailand den Volksfriedhof ein. Um die Unterschiede zu verdeutlichen: auf dem Cimitero monumentale wurden von 1867 bis 1898 74.740 Beerdigungen vorgenommen, auf dem Friedhof von Messocco fanden zwischen 1895 und 1898, also in drei Jahren (!) 30.135 Beisetzungen statt.

Die Grabskulptur ermöglicht einen Überblick über sämtliche lombardischen Steinmetze des 19. Jahrhunderts. Bei den Erbbegräbnissen des 20. Jahrhunderts fällt die starke Beeinflussung der Skulpturen durch den italienischen Futurismus auf. Neue Themen und bisher unbekannte Todesarten werden als symbolkräftige Handlungen gleichsam in der Art einer in Bronze erstarrten Bewegung dargestellt: Auf dem Grabmonument für Maria del Zio in de Flaviis († 1947) beispielsweise greift ein heranfliegender Todesgenius in das Lenkrad eines Kraftwagens. Das Ideal des bildnerischen Dynamismus verbindet Bewegung und erhebt das Geschehen in einen irrealen Zustand. Dadurch wird das überlieferte Totentanzmotiv völlig neu interpretiert.

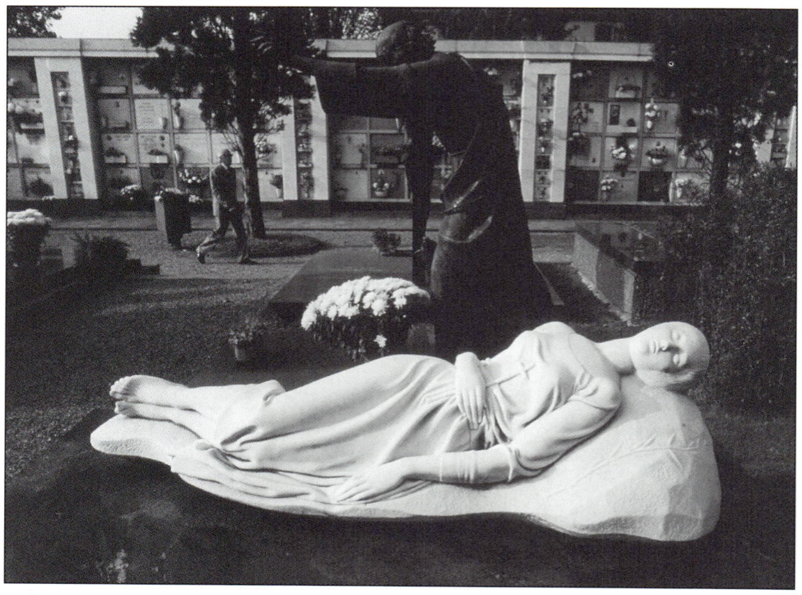

AD TVMVLVM CAMILLAE QVACVM CONIVNCTISSIME VIXERAT
ANTONIVS BERNOCCHI OLIM REGNI SENATOR QVIESCIT
DOMINE
EXAUDI
ORATION
EM MEAM
AURIBUS
PERCIPE
OBSECRA
MARIANI

VITALONI

Montecassino, Soldatenfriedhof

Die drei Schlachten um den Monte Cassino im Frühjahr 1944 zählen zu den blutigsten während des Zweiten Weltkrieges. Nach der Landung der aliierten Truppen bei Salerno im September 1943 hielten deutsche Heereseinheiten den geplanten Vorstoß auf Rom auf. In der Folge entstand ein zähes Ringen um den 519 Meter hohen Berg.
Das Hochplateau des Berges beherrschte die 529 von Benedikt von Nursia († 547) als Wiege seines Ordens gegründete Abtei mit ihren über trapezförmigem Grundriß errichteten prächtigen, weitläufigen barocken Gebäuden. Mehrmals war das Kloster im Laufe seiner Geschichte in kriegerische Handlungen verwickelt worden. 581 zerstörten Langobarden die Bauten bis auf die Grundmauern; die Mönche waren vor den Feinden nach Rom geflohen. 883 plünderten Sarazenen das Kloster und brannten es nieder. 1349 zerstörte es ein verheerendes Erdbeben.
Die Gefahr für das Kloster während des Zweiten Weltkrieges schworen deutsche Truppen herauf, die den Berg als Wachtposten ihrer Hauptverteidigungslinie nutzten, die Gustav-Linie genannt worden war. Dabei wurde die Cassinostellung ab November 1943 kräftig ausgebaut. In Felsen gesprengte Höhlen dienten als getarnte Bunker. Da die deutschen Verbände in Verteidigungsstellungen lagen, konnten sie die ab 12. Januar 1944 vorgetragenen aliierten Angriffe abwehren.
Nach der Landung amerikanischer Truppen am 22. Januar bei Anzio wurde der Plan einer Bombardierung des Klosterberges und der anschließenden Erstürmung gefaßt. Hauptbefürworter einer Zerstörung des Klosters war General Tuker, der der Lektüre eines Buches aus dem Jahr 1879 entnahm, daß das Kloster im 19. Jahrhundert bereits in eine Festung umgewandelt worden sei. Unter diesen Umständen meinte Tuker, dürfe man die Klosterfestung mit modernen Mitteln bezwingen können. Obwohl sich in dem Kloster keine deutschen Truppen aufhielten, dafür aber die Mönche und viele Flüchtlinge, wurde es sinnloser Weise am 15. Februar von allierter Luftwaffe bombardiert und zerstört. Hauptverantwortlicher dafür war General Sir Bernard Cyrill Freyberg of Wellington (1889–1963). Doch brachte dies keinerlei Vorteile, da nun die deutschen Truppen das verlassene und ruinierte Klostergelände als Festung nutzen konnten. Es kam in den folgenden Monaten zu einem Abnutzungskampf, in dessen Verlauf ganze Truppenteile aufgerieben wurden sind. Er endete, als im Mai 1944 französische Truppen an der Adria deutsche Stellungen durchbrochen hatten. Damals gaben die deutschen Truppen wegen der Einkesselungsgefahr den Monte Casino auf. Die Meldegänger mit dem Rückzugsbefehl trafen am 17. Mai 1944 häufig nur noch Reste versprengter Kompanien an. So hatten von der I. Kompanie nur drei Mann überlebt, ein Offizier, ein Unteroffizier und ein Soldat…
Die Gedenkstätte des Friedhofs für die hier auf beiden Seiten völlig sinnlos von unvernünftig und leichtfertig agierenden militärischen Vorgesetzten geopferten Soldaten wurde zunächst mit Hilfe stereotyper Erklärungsmuster zu einer Art einzulösenden Ehrenschuld der Überlebenden hochstilisiert, anstatt an einem solchen Ort angesichts der Zerstörung eines die abenländische Kultur prägenden Klosters eine generelle Infragestellung des Krieges zu bewirken – eine Möglichkeit, wie sie an kaum einem anderen Ort eindrucksvoller hätte gelingen können.

Eingangshalle mit Skulptur von Gerhard Marcks

Palermo, Catacombe dei Cappucini

Zu den ungewöhnlichsten Beisetzungsorten zählt die Catacombe dei Cappucini in Palermo, deren langgestreckte, unterirdische Stollen seit 1599 in den Tuffstein getrieben worden sind. Zunächst sollten sie den Mönchen als Grabstätte dienen, doch kam seit dem 17. Jahrhundert der ungewöhnliche Brauch auf, die Leichname der Angehörigen vornehmer Familien Palermos und des Klerus als Mumien einzubalsamieren und in der Katakombe in Särge zu legen oder die Leichname an den Wänden aufzuhängen und zur Schau zustellen. Dabei wurden hauptsächlich zwei Methoden der Mumifizierung angewendet. Es finden sich in der Katakombe sowohl in Luft getrocknete Leichname als auch über dem schwelenden Feuer ausgedörrte und in Kalk oder Arsenik getauchte Mumien. Dies entspricht einer spanischen Bestattungssitte, die 1881 verboten worden ist.

Über 8000 Leichname finden sich dort, säuberlich nach Geschlecht und Berufstand getrennt. Heute noch werden die Skelette von den Nachkommen in kostbare Kleider gehüllt. Darunter kann man auch einen Bischof des griechisch-orthodoxen Ritus oder einen General aus dem Umkreis Guiseppe Garibaldis (1807–1882) finden.

Der Auftrag der Nachkommen, ihre Toten zur Ruhe und unter die Erde zu bringen, ist hier nicht durchgeführt worden. In einer ungemein drastischen Weise werden vielmehr in der Gruft die Verstorbenen als sinnenhaft-schreckliche Vanitas-Allegorie zur Schau gestellt. Dabei greift man bestimmte Traditionen auf. Von der spätantiken Katakombe sind die ädikulaartigen Wandnischen übernommen worden, die allerdings entgegen der Tradition nicht mit einer Loculus-Platte verschlossen sind, sondern wie in Regalen übereinander gestapelt die liegenden Mumien präsentieren.

Ferner sind in Palermo einige Mumien in hölzernen mit Drahtgitter umgebenen Schreinen stehend aufbewahrt. Sie greifen die Gestalt der barocken Reliquienostensorien auf, in denen die Skelette vollständiger Heiligenkörper lebensähnlich ausgestopft und kostbar ausgeschmückt hinter Glas zur Schau gestellt worden sind. Vermutlich hat die Entdeckung einer Katakombe 1578 an der Via Salaria in Rom – damals stürzte ein Weinberg ein und gab die Katakombe frei – frömmigkeitsgeschichtlich auch auf das sizilianische Beispiel eingewirkt. Viele dort aufgefundene, als Märtyrer der frühen Kirche geltende Leichname wurden nämlich bevorzugt in süddeutsche Kirchen und Stifte übertragen, zum Beispiel der Leichnam des »Martyrers« Felix in die Augustinerstiftskirche Gars am Inn.

Andere mumifizierte Leichname neigen sich auf an den Pfeilern unterhalb des Gewölbeansatzes angebrachten Holzkonsolen stehend zur Mitte des Ganges zu. In einer stillen und ruhigen, fast zeremoniellen Prozession tragen die Toten ihre Namensschilder um den Hals. Dies mutet wie eine Umkehrung des Zuges der verklärten Heiligen an den Wänden des Langhauses von San Apollinare Nuovo in Ravenna an. Nur wurden hier keine Erlösten dargestellt, sondern Leichname.

Vor ihnen sind nebeneinander und übereinander kasten- und truhenförmige Särge gestapelt, auch jenseits eines Ganges an der Wand gegenüber. Unter dem Gewölbe erinnert das Szenarium an eine Schiffspassage unter Deck, möglichweise eine bewußte Assoziation im Sinne des christlichen Sterbens als »navigare in patriam= in die Heimat segeln«.

Den Kapuzinern ist eine gigantische Inszenierung des Schauspiels der Vergänglichkeit gelungen, das auch Künstler wie den Maler Günther Zink (* 1952) 1980 zu einem Triptychon angeregt hat.

Ansicht der Kapuzinergruft (Ausschnitt)
Gemälde von Günther Zink, Speyer, 1980

Pisa, Camposanto

Der Camposanto in Pisa bildet die an der Nordseite des Domplatzes gelegene mittelalterliche Begräbnisstätte, die von einem lang hingestreckten Bauwerk umfaßt wird. Erzbischof Ubaldo de' Lanfranchi hat, glaubt man der Überlieferung im Jahr 1202, 53 Schiffsladungen mit Erde von Golgotha nach Pisa bringen lassen, damit die Bewohner der Stadt in heiliger Erde ruhen können. Doch scheint diese Mitteilung eher die legendarische Umschreibung des Begriffes Campo Santo zu sein. Die Inschrift an der heutigen Ummauerung in der links vom Hauptportal sich erhebenden Arkade nennt nämlich das Jahr 1278 als Baubeginn. Architekt war Giovanni di Simone (seit 1250 in Pisa, † 1284 in der Schlacht von Meloria), von dem das Ospedale di S. Chiara an der Südseite des Domplatzes und das dritte bis sechste Geschoß des schiefen Turmes stammt.
Ursprünglich umfaßte der 1283 vollendete Camposanto nur 21 Arkaden von Osten aus gesehen. Die gegen 1350 erfolgte Westerweiterung hielt sich an die vorgegebene Formensprache. Er bildet einen von Hallen kreuzgangartig umgebenen Hof von 126,6 x 52 m. Die geschlossenen Außenwände des Baues gliedert eine gleichmäßige Abfolge von Blendarkaden aus doppelt gestuften runden Bogen. Die Gefahr von Monotonie wird durch den figürlich-plastischen Dekor und die sorgfältig bearbeiteten Marmorquader vermieden. Das Hauptportal wurde anläßlich der Erweiterung verlegt und erhielt einen ädikulaartigen Aufsatz mit der Darstellung der thronenden Gottesmutter zwischen zwei Heiligen und dem knieenden Stifter Pietro Galamcorti. Im Inneren wird der Eindruck einer Kreuzgangsarchitektur noch verstärkt, weil die Flügelbauten einen mit Rasen bedeckten Innenhof umgeben. Der Umgang war nach Innen hin offen und erhielt zwischen 1400 und 1464 die 62 gotischen vierbahnigen aus Maßwerk und Säulchen gebildeten Fenster. Die Nordostwand rundet sich ein wenig wie bei einer Apsis nach Außen, weil 1604 Erzbischof Dal Pozzo eine Scheitelkapelle anlegen ließ. Fresken des 14. und 15. Jahrhunderts auf den Innenwänden des Umgangs, sind zum Teil durch die Explosion einer amerikanischen Granate während des Zweiten Weltkriegs am 27. Juli 1944 vernichtet worden. Die unzerstört gebliebenen Fresken wurden von den Wänden abgelöst, restauriert und in einem Anbau des Nordflügels aufbewahrt. Das vielfältige Programm gipfelte in der monumentalen Komposition des Triumphes des Todes von Buonamico Bufalmacco (tätig vor 1350), neben den großen dogmatischen Kompositionen von Kreuzigung, Auferstehung, Himmelfahrt, Jüngstem Gericht und Hölle an der Ostwand. Benozzo Gozzoli (1420–1497) schuf innerhalb von 16 Jahren 24 Szenen aus dem Alten Testament. Ferner enthielt die Ausmalung Darstellungen von Einsiedlern, Illustrationen von Heiligenviten, etwa die Legende des hl. Rainer von der Hand Andrea da Firenzes (tätig von 1343–1377) und einen Hiobzyklus von Taddeo Gaddi (um 1310–1366). Man fand bei der Abnahme der Fresken auch die Sinopien, unter dem Putz in roter Frabe aufgetragene Vorzeichnungen; für sie wurde 1979 ein eigenes Museo delle Sinopie eingerichtet. In den Portikusfundamenten haben die Angehörigen der vornehmen Familien der Stadt ihr Grab gefunden. Im schwarz-weiß gebänderten Marmorfußboden finden sich über 600 Gräber. Im Lauf der Zeit hat man auch im Inneren der Hallen antike Sarkophage zusammengetragen, die einst den Dom umstanden und aus musealen Gründen hier exponiert worden sind.

S. 107 und folgende Doppelseite: Szenen aus den Fresken »Triumph des Todes«

Römischer Sarkophag

Pompeji, Gräberstraße

Wie in Rom die großen Consularstraßen von Gräbern gesäumt waren, so befinden sich auch in Pompeji vor fünf der insgesamt sieben nachgewiesenen Stadttore Nekropolen. Am Bekanntesten ist die sogenannte Via dei sepolcri, die im äußersten Westen der Stadt vor dem Herculaner Tor gelegen ist, das zur Römerzeit wahrscheinlich Porta Salinensis hieß. Die Stätte wurde von Johann Wolfgang von Goethe (1749–1832) am 11. März 1787 gemeinsam mit Johann Heinrich Wilhelm Tischbein (1751–1829) aufgesucht. Er hat dieses ihn tief bewegende Erlebnis in seiner italienischen Reise geschildert.

Die einzelnen Gräber reichen von der republikanischen Zeit bis in die flavische Epoche. Nur die Asche der Toten wurde in einer Urne hier beigesetzt; den seit der Regierungszeit Kaiser Trajans (98–117) sich vollziehenden Wandel zur Köperbestattung hat Pompeji nicht mehr erlebt, da die Stadt bekanntlich am 24. August 79 bei einem Ausbruch des Vesuv untergegangen ist. Deswegen enthalten die Grabkammern sogenannte »loculi«, Nischen, die die Urnen aufgenommen haben. Die Zahl der Urnen konnte recht stattlich sein, da oft auch die Asche der Freigelassenen im Familiengrab untergebracht worden ist.

Die innere Austattung der Gräber war relativ einfach, Hauptaugenmerk wurde auf die Architektur des Grabbaus gelegt, weil sie jedem des Weges Kommenden Wohlhabenheit der Familie und die Bedeutung des Familienoberhauptes im öffentlichen Leben dokumentierte. Dabei reihen sich sehr vielfältige Grabmaltypen aneinander. Eine Mauer umgab den Grabbezirk. Eine halbkreisförmige Tuffsteinbank in Form der Schola steht in acht Fällen vor den meist schlichten mit Giebeln versehenen Grabbauten. So besitzt die Bank am Grab des Militärtribunen Aulus Vejus aus der ersten Hälfte des 1. Jahrhunderts Löwenfüße. In augustäischer Zeit griff Mamia (erwähnt um 7. v. Chr.), die ein öffentliches Priesteramt bekleidete, diese Anlage auf.

In Form eines monumentalen, nicht von Mauern umgebenen Altares wurde das Grab des M. Porcius, wahrscheinlich erster Quinquennalis der Stadt, um die Mitte des 1. Jahrhunderts und die Grabstätte der Allei gestaltet, die nach 25/26 n. Chr. entstanden ist. Dabei muß nicht unbedingt eine Grabkammer in dem Aufbau eingeschlossen sein. Eine Variante bilden über hohen Sockeln errichtete von einer Mauer umgebene Altargräber. Ein Beispiel hierfür bietet der Grabbau des Calventius Quietus. Auf sein Amt als Augustalis spielt der Eichenkranz an. Ähnlich reich dekoriert ist das Sockelgrab der Freigelassenen Naevoleia Tyche, die ihr Monument noch zu Lebzeiten vor 62 n. Chr. errichten ließ. Generell wandelt sich in einem Zeitraum von 130 Jahren der für eine Person bestimmte architektonische Aufbau zu kleinen oberirdisch angelegten Columbarien.

Unter den mehrstöckigen Grabmälern ist das teilweise rekonstruierte Iscadiergrab mit einem massiven Sockelgeschoß und einem rundum geöffneten Obergeschoß das am weitesten entwickelte Beispiel dieses Typus. Unter den Rundmausoleen zählt das Grab des C. Fabius Secundus mit seinem zylindrischen, aus Ziegeln gemauerten Oberbau über quadratischem Sockel zu den gut erhaltenen Beispielen.

Neben den aufwendigen Gräbern markieren als lokale Sonderform der südlichen Campagna einfache Stelen in Hermenform aus Basalt, Kalkstein oder Marmor die Stelle der beigesetzten Urne. In ihrer anikonischen Gestalt bilden sie eine abstrahierte Form des menschlichen Körpers ab, dessen Asche hier ruht. Ebenso können sie nicht nur den Toten selbst, sondern auch dessen Genius verkörpern.

Apollotempel mit Vesuv

Versteinerter Mensch in der Magma des Vesuvs

Ravenna, Theoderich-Grab

Außerhalb der Stadt, vor der Porta Artemidoris in der Nähe des Begräbnisplatzes der Goten, ließ – damaliger herrscherlicher Gewohnheit folgend – König Theoderich (454–526) in seiner Residenz Ravenna sein Mausoleum bereits zu Lebzeiten aufführen.

Das singuläre Monument aus hartem istrischen Kalkstein ist niemals vollendet worden. Über einer breiten und flachen, einst von Schranken umgebenen Plattform erhebt sich das untere Geschoß in der Gestalt eines Zehnecks. Jede Seite hat eine tiefe Bogennische aufgenommen, in der westlichen Nische führt das kräftig profilierte mit geradem Sturz versehene Portal ins Innere. Dieses Geschoß bildet das Fundament für das weit hinter einen Umgang zurückspringende Obergeschoß. Dort gliedern neun Seiten je zwei flache waagrecht geschlossene Blendnischen mit ausgeschnittenen Rundbogen. An den Kanten waren, wie Bossen belegen, Wandpilaster vorgesehen, die aber nie ausgeführt worden sind. Über dieser Zone umzieht ein breites Band das Rund des Raumes und leitet zur obersten, kreisrund gebildeten Raumzone über. Der gewaltige Deckstein erweist sich aus einem Gesteinsblock gehauen, besitzt zwölf aus dem gleichen Block herausgearbeitete Ansätze, die die Namen der zwölf Apostel tragen. Das Innere besitzt je Geschoß einen Raum.

Dieses Mausoleum steht weder in der Tradition der kaiserlichen Grabstätten der Spätantike, noch in der der Nobiles des römischen Reiches. Zwar gibt es zweigeschossige Mausoleen im Laufe des 5. und 6. Jahrhunderts für den Landadel in Nordsyrien, doch kann kein präzises Vorbild namhaft gemacht werden. Merkwürdig ist auch, daß an diesem Monument die Technik des Quaderbaus beibehalten worden war. Möglicherweise kamen die Werkleute aus Dalmatien, wenn wir an das aus Quadern gefügte Maulsoleum von Salona denken, oder Kleinasien, wo die auf Gehrung geschnittenen Türrahmen bekannt sind, oder gar aus Konstantinopel, wo ein gewichtiges Detail, der Sockel der Porta aurea mit den Wandpilastern des Obergeschosses in Ravenna verglichen werden kann, weil an diesen Stellen letztlich doch nicht ausgeführte Bauglieder bereits vorgerissen worden sind.

In seiner Einzigartigkeit ist der deckende Monolith das Wahrzeichen des Mausoleums. Er ist eine außerordentliche, mit nichts zu seiner Zeit vergleichbare monumentale Form der Bekrönung und wohl deswegen als Zeichen der Macht des Herrschers und seines Willens zur Stabilisierung der Herrschaft zu deuten. Vermutlich hat Theoderich selbst bei dieser Gestaltung mitgewirkt, denn diese Kuppel erweist sich als andersgearteter Reflex auf die mit Streben versehenen, bleigedeckten, glatten Kuppeln Konstantinopels, etwa der Palastkirche Hagios Sergios und Bacchos. Die steinernen Ansätze wären dann ornamentale Ausbildungen des byzantinischen Strebesystems.

Wir dürfen in der Eigenwilligkeit des Umdeutens und Zusammenfügens unterschiedlichster Elemente aus dem Geist der Spätantike heraus einen Bruch mit der byzantinischen und römischen Tradition sehen. Sie ist weniger bedingt durch den germanischen Ursprung Theoderichs als vielmehr als Spiegelung des Barbarischen, mit dem der Herrscher trotz kaiserlicher Adoption und vornehmer Erziehung in Konstantinopel, verbunden geblieben ist. Es blieb deswegen einmalig, weil Theoderichs Reich nach seinem Tod keinen Bestand hatte und so keine gotische Architektur-Tradition begründet werden konnte.

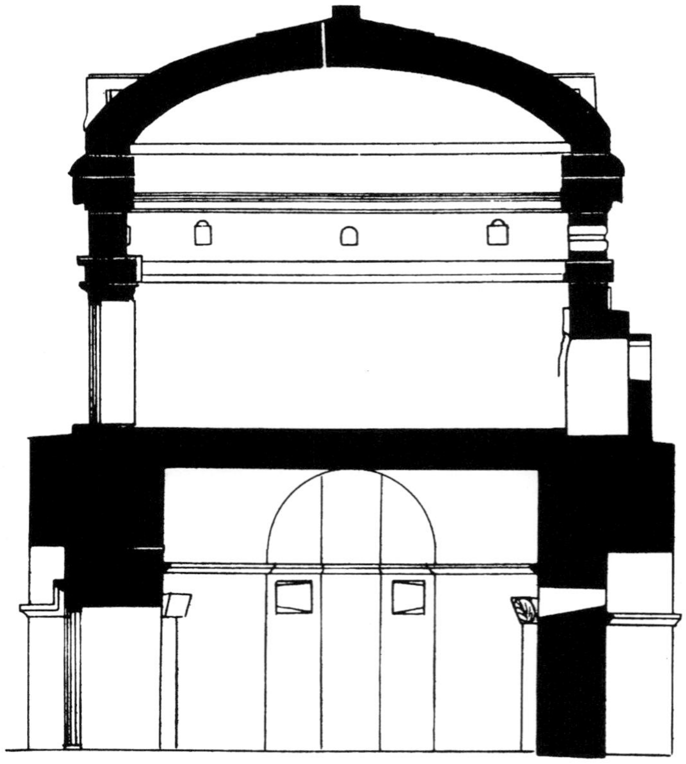

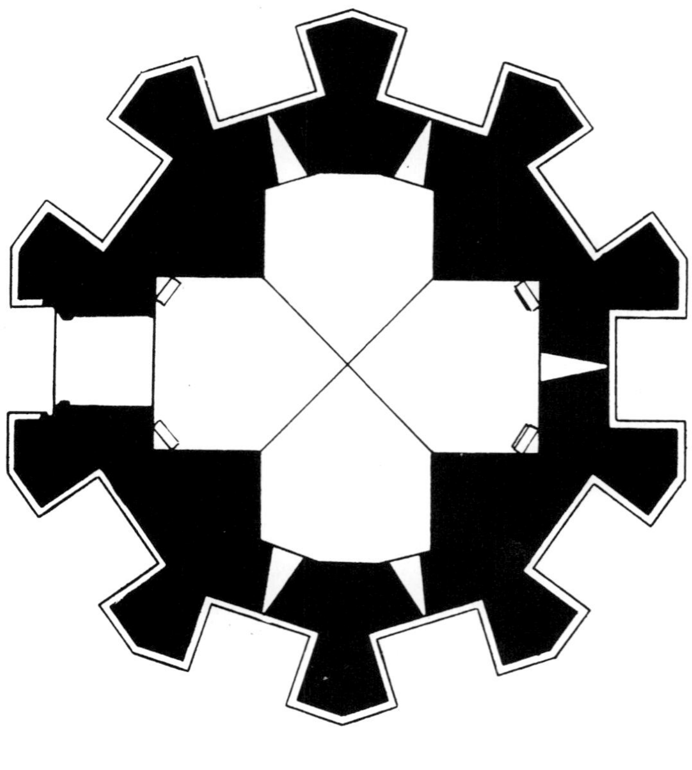

Rom, Camposanto Teutonico

Der Camposanto Teutonico, das »Schwalbennest am Vatikan«, ist nur eine unter vielen Stiftungen der christlichen Nationen im Zentrum der Christenheit. In der römischen Kaiserzeit stand hier der Circus des Caligula (reg. 37–41) und des Nero (54–68), von dem aus sich nach Norden die vatikanische Nekropole anschloß, in der der Überlieferung nach der Apostel Petrus begraben liegt. Nach dem Bau der Peterskirche entstand ein Friedhof, der als Campo Santo, als heiliges Feld in Anspielung an die Stätte der ersten christlichen Märtyrer bezeichnet worden ist.
In der Nähe befand sich eine von Karl dem Großen (742–814) gestiftete Salvatorkirche, an der eine 799 im Zusammenhang mit der Rückkehr Papst Leo III. (reg. 795–816) aus dem Frankenreich 799 erwähnte Schola Francorum ihren Sitz hatte. Ihre Aufgabe sah sie in der Beisetzung in Rom verstorbener Pilger aus dem Frankenreich. Während des abendländischen Schismas (1378–1417) verfiel die Anlage des Friedhofs samt der Kirche und wurde um 1440 von Friedrich Frid aus Magdeburg mit Hilfe von Deutschrömern, die sich zu einer Armen-Seelen-Bruderschaft zusammen geschlossen hatten, wieder instandgesetzt.
Der Friedhof unterstand vom 9.–16. Jahrhundert dem Kapitel von St. Peter. Im 15. Jahrhundert erhielt das in seinen Ausmaßen zuvor nicht exakt umgrenzte Gebiet eine Mauer, ferner war es von weiteren Gebäuden umgeben. Als Karner fungierte die ehemalige Gregorkirche, bis sie für den Transport des Obelisken auf den Petersplatz als Hindernis geschleift werden mußte., so daß die Apsiden der ehemals hier befindlichen Marienkirche dafür verwendet worden sind. Seit dem 18. Jahrhundert hat man die linke Apsis als Friedhofskapelle umgestaltet. Kreuzwegstationen erhielt der Kirchhof zwischen 1757 und 1766 mit Fresken von Christoph Unterberger (1732–1798), die dann nach Feuchtigkeitsschäden durch Malereien Friedrich Overbecks (1789–1869) übermalt wurden (heute bereis wieder durch Majolikaplatten ersetzt).
Der Friedhof besaß seit dem Mittelalter Gräberfelder für Sammel- und Einzelgräber. Wegen der Raumnot wurde nur eine Ruhefrist von zehn Jahren gewährt. 1627 teilte man die Fläche neu in vier Felder auf, die Umfassungmäuerchen aufwiesen, und in freie Areale. Bevorzugte Bestattungsorte waren der Fußboden der Kirche, deren Eingangsbereich und die Reihe entlang der Friedhofsmauern sowie die nächste Umgebung des sich mitten im Friedhof erhebenden Hochkreuzes. Das jetzige – eine Bronzearbeit von Theodor Wilhelm Achtermann (1799–1854) – wurde 1857 aufgerichtet.
Bis ins 19. Jahrhundert hinein existierten verhältnismäßig wenig Grabplatten. Dieser Brauch wurde infolge des Aufblühens der deutschen Kolonie an dieser Stätte erst im weiteren Verlauf des 19. Jahrhundert üblich. Dann aber entstanden viele künstlerisch hochstehende Arbeiten, so das Grabdenkmal für den Landschaftsmaler Joseph Anton Koch (1768–1839) mit dem Relief des auferstandenen Christus von Karl Steinhäuser (1813–1879). Den Friedensengel auf dem Monument für Charlotte Friederike von Mecklenburg-Schwerin († 1840) schuf der dänische Bildhauer Jens Adolf Jerichau (1816–1883). Hans Wimmer (* 1907) schuf die Portraitbüste für den Archäologen Ludwig Curtius (1886–1956), das Grabmonument mit der Figur der Dexiosis (=Glückbringenden) der Familie stammt von Toni Fiedler (* 1899). Julius Seitz (1847–1912) gestaltete das Denkmal für Augustinus Theiner (1804–1874), den Präfekten des vatikanischen Geheimarchivs.

Grabstein von Stefan Andres

Berühmte Persönlichkeiten

u.a. Stefan Andres (1906–1970), Schriftsteller
Engelbert Kirschbaum (1902–1970), Jesuit und Kunsthistoriker
Ernst Zacharias von Platner (1773–1855), Maler
Ferdinand von Platner (1824–1896), Topograph Roms
Joseph Spitthöver († 1892), deutscher Buchhändler in Rom
Johannes Urzidil (1896–1970), Literat
Anton de Waal (1837–1917), Gründer des Priesterkollegs am Campo Santo
Johann Martin von Wagner (1777–1858), Bildhauer und Kunstsammler
Josef Wilpert (1857–1944), christlicher Archäologe

Rom, Cimitero di S. Sebastiano

An der Via Appia Antica liegt die unter Kaiser Konstantin dem Großen (reg. 306–337) kurz nach seinem Sieg an der Milvischen Brücke 324 begonnene Basilica Apostolorum. Die Pfeilerbasilika, deren Seitenschiffe um das Mittelschiff mit einer halbrunden Arkadenstellung herumgeführt sind, besaß an der Ostseite eine Reihe von Mausoleen, die einflußreichen römischen Familien gehörten.

Erbaut wurde die Kirche an einer Stelle, wo sie eine ganze Reihe älterer heidnischer Gräber von der republikanischen Zeit bis ins 2. Jahrhundert überdeckt, weil Christen an diesem Ort außerhalb der Stadt während der Verfolgungen unter Kaiser Valerian (reg. 253–260) zu Feiern des Gedächtnismahles für die Apostelfürsten zusammengekommen waren. Den genauen Zeitpunkt bestätigen Inschriften und ein Eintrag in spätantiken Festkalendern. Dieser Kult außerhalb der Stadt setzte sich seit dem 4. Jahrhundert in der Basilika fort.

Die Verehrung fand bis zum Bau der Basilika in einer bescheidenen Örtlichkeit an einem kleinen unterirdischen Platz zwischen paganen, aus dem Fels herausgeschlagenen Hypogäen statt, von denen eines eine reiche, aus dem 2. Jahrhundert n. Chr. stammende wabenförmige Stuckdekoration besitzt, dasjenige des Coldius Hermes zweistöckig und sowohl mit Stuckdekorationen als auch mit Malereien ausgestattet ist, und das der Innocentiores sowie das der Ascia ein mit Ranken und Blüten stuckiertes Gewölbe enthalten. Mit der Errichtung der Basilika erhielt der Heiligenkult einen repräsentativen Rahmen. Man tat dies bewußt, weil man der christlichen Liturgie ähnliche Heiligtümer wie heidnischen Kulte zur Verfügung stellen wollte; ferner konnte Rom als Hauptstadt des Reiches im Gegensatz zu Jerusalem mit seiner Auferstehungskirche nichts Vergleichbares vorweisen. So wandte der Kaiser, der auch im Heiligen Land über der Geburtsgrotte und der Auferstehungsstätte Memorialbauten errichten ließ, sich in Rom den Stätten der Blutzeugen Christi zu und errichtete über den ärmlichen Erinnerungsorten prachtvolle Kirchenbauten.

Prächtige Marmorsarkophage finden sich im Cimitero di San Sebastiano, wie der Raub des Ganymed durch den Adler des Zeus oder ein Anfang des 4. Jahrhundert entstandener Jagdsarkophag. Christliche Motive finden wir auf zahlreichen, heute in den Seitenschiffen der – seit dem 9. Jahrhundert San Sebastiano genannnten – Basilika aufgestellten Sarkophagen, darunter den berühmten in der Mitte des 4. Jahrhundert entstandenen Lotsarkophag, auf dem in gedrängter Kürze im unteren Bildstreifen die zur Salzsäule erstarrte Sarah und der aus Sodomforteilende Lot geschildert ist.

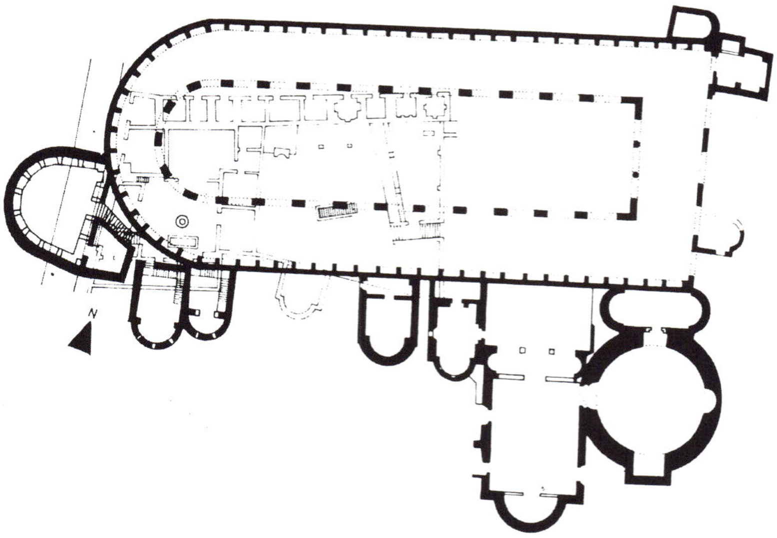

Rom, Cimitero S. Constanza

Konstantina oder Konstanza († 354), die Tochter Kaiser Konstantin des Großen ließ im Süden der von ihr gestifteten, zwischen 337 und 351 errichteten Umgangsbasilika S. Agnese an der Via Nomentana für sich ein Mausoleum errichten. Es ist durch eine Vorhalle mit dem südlichen Seitenschiff der Basilika verbunden. Als Zeichen besonderen Aufwandes wurde der Zentralraum wie bereits bei vielen Rundmausoleen des 3. Jahrhunderts mit einer Ringhalle umgeben, die den zylindrischen Ziegelkern verdeckt. Im Inneren wird durch eine aus zwölf Arkaden bestehende Stützenreihe mit gekoppelten Säulen, die Kompositkapitelle tragen, ein vom Zentralraum abgetrennter Umgang geschieden, in dessen äußere Mauern Nischen eingetieft sind.
Mosaiken in dem Tonnengewölbe zählen zu den ältesten bekannten, frühchristlichen Mosaiken. Weißgrundige Felder mit geometrischen Mustern wechseln mit die Fläche überziehenden Pflanzenmotiven, in denen sich Blumen, Vögel und Putten bei der Weinlese tummeln. Apsismosaiken zeigen an der Nordseite die Gesetzesübergabe an Petrus und Paulus durch Christus, während an der Südseite die Schlüsselübergabe an Petrus dargestellt ist. Der Porphyrsarkophag der Constanza stand in der dem Eingang gegenüberliegenden Nische.

Rom, Katakombe S. Callisto

Die wahrscheinlich bekannteste und auch ausgedehnteste unter den 70 Katakomben Roms vermag einen Einblick in das etwa 10 km lange Gangsystem der vor den Stadtmauern gelegenen Begräbnisstätten, hier an der Via Appia Antica, zu vermitteln. Eine recht kompliziert angelegte Folge unterirdischer Grabkammern erstreckt sich über mehrere Stockwerke und wurde in den weichen Tuffstein der Campagna von oben nach unten vorgetrieben. Die obersten Gräber sind dabei die älteren, in den unteren Geschossen befinden sich die jüngsten Grabkammern. Man schätzt ihre Anzahl auf etwa 170 000.

Längs der Gänge wurden loculi übereinander hineingeschlagen, in denen die in Leinen gewickelten Toten zur letzten Ruhe beigesetzt waren. Anschließen wurden die Öffnungen mit Platten verschlossen, mit Mörtel überzogen und anschließend zum Wiederauffinden mit individuellen Gegenständen, die in den Mörtel eingedrückt waren, gekennzeichnet, darunter auch Böden von zerbrochenen Glasgefäßen wie Goldgläser. Zeichnungen mit Symbolen oder auch religiösen Szenen konnten eingeritzt werden.

Im Laufe des 2. Jahrhunderts in der Endphase des sogenannten antoninischen Stils, den man in die Zeit zwischen 140–200 n. Chr. datieren kann, wurde mit der Ausmalung der Katakomben begonnen. Um 210/20 entstand die Malerei in der Lucinagruft, einst eine kleine separate Begräbnisstätte und später mit der Callistus-Katakombe vereinigt. Die Deckenmalerei in dem mit den Kennbuchstaben XY bezeichneten Doppelcubiculum zeigt neben Masken und schwebenden Eroten auch das Motiv des Schafträgers und Betende auf Pflanzen. Mit linearen Schmuckleisten werden die Bildfelder voneinander abgegrenzt.

Das Motiv des Schafträgers galt in der Spätantike als Sinnbild der Philanthropie, bei Christen ist er zwar nicht Sinnbild für Christus, aber ein Symbol für die Erettung des Menschen, die die Christen erhofften. Die betenden Frauengestalten verkörpern in dem Gestus mit den erhobenen Händen generell das Motiv der Frömmigkeit. Diese christlich umgedeuteten heidnischen Motive werden in der Deckenmitte mit der Gestalt des Daniel verbunden, der wegen seines Glaubens aus der Löwengrube errettet worden war. Am Ort der Bestattung wird in einer christlichen Katakombe die Verheißung der Errettung der Toten immer wieder zum Bildthema gemacht.

Erst im 3. Jahrhundert begannen die Christen, ihre Grabkammern auch mit christlichen Motiven auszumalen. Jetzt tritt der Schafträger als der gute Hirte auf. Christus kann auch in der Gestalt des Orpheus als Sinnbild der Unsterblichkeit und des Todesüberwinders, aber auch zusammen mit den gezähmten Tieren als Überwinder von Sünde und Tod dargestellt werden, wenn er unter den Tieren die Kithara spielt.

Biblische Szenen werden angedeutet , etwa die Begegnung Jesu mit der Samariterin am Jakobsbrunnen wird zur Darstellung von Jesus als Lehrer, während die Wasser schöpfende Samariterin den Quellgrund der Lehre Jesu verdeutlicht: Von Jesus kommt Wasser des ewigen Lebens. Taufdarstellungen aus der 2. Hälfte des 3. Jahrhundert, weitere Wundertaten Jesu, wie die Heilung des Gelähmten, werden als Heil und Rettung für den Verstorbenen verstanden. Besonders beliebt ist die Schilderung von der Erweckung des Lazarus. Dazu gesellen sich entsprechend zu deutende alttestamentliche Begebenheiten.

35 Stufen führen zur Capella dei Papi hinab, wo im Jahr 258 Papst Sixtus II. (reg. 257–258) als Märtyrer unter Kaiser Valerian (reg. 253–260) beigesetzt wurde. Daneben liegt die Grabkammer der hl. Cäcilia.

S. 119: Die Heiligen Cornelius und Cyprianus

Rom, Via Appia Antica

Die Via Appia galt in der römischen Zeit als die regina viarum (= Königin der Straßen), weil sie die wichtigste Verbindung über die Albanerberge bis nach Capua darstellte. Zensor Appius Claudius Caecus ließ sie 312 v. Chr. auf einer älteren Trasse anlegen. Um 190 v. Chr. wurde sie über Benevent bis Brindisi verlängert. Nach dem Zusammenbruch des römischen Reiches verfiel sie und wurde erst unter Papst Pius VI. (reg. 1755–1799) wieder benutzbar gemacht.
Da das Mitte des 5. Jahrhunderts v. Chr. erlassene Zwölftafelgesetz Bestattungen innerhalb Roms verbot – lediglich bei bedeutenden Persönlichkeiten wurde mit einer Bestattung auf dem Marsfeld, wie bei dem Mausoleum für Kaiser Augustus (reg. 30. v. Chr.–14. n. Chr.), eine Ausnahme gemacht – erstreckten sich die Friedhöfe der Stadt entlang der großen Ausfallstraßen, von denen nur die Via Appia diesen Charakter als Gräberstraße hat bewahren können. Über 9 Meilen, ungefähr 12,6 km, zieht sich das Gräberfeld unterbrochen von Villen und dem Circus Maxentius bis zur Stadtgrenze Roms hin.
Die ersten Gräber befinden sich unmittelbar hinter dem Circus Maximus, wo einst das Capuaner Tor der nach dem Galllіereinfall 387 v. Chr. angelegten Servianischen Mauer stand und das Stadtgebiet endete. Nach dem Mauerbau Kaiser Aurelians (reg. 270–275 n. Chr.) infolge der Stadterweiterung lagen sie nun innerhalb des Stadtgebietes, so das 1799 entdeckte Grab der Scipionen.
Am Hang der Marena erhebt sich in vorzüglichem Erhaltungszustand ein zweigeschossiger, aus gelben und roten Ziegeln errichteter Grabbau, den Rhetor Tiberius Claudius Herodes Atticus (um 101–177) auf dem Gelände seiner Villa seiner Gemahlin Annia Regilla in der ersten Hälfte des 2. Jahrhundert n. Chr. errichtet hat. Das Untergeschoß barg, wie bei solchen Grabbauten üblich, die eigentliche Grabkammer, während das Obergeschoß für den Totenkult genutzt wurde.
Als Beispiel eines Monumentes des römischen Adels aus augustäischer Zeit kann das Mausoleum der Caecilia Metella gelten, der Tochter des Q. Caecilius Metellus Creticus (69 v. Chr.), das ihr Gatte, der Triumvir Crassus, am malerischsten Punkt des Straßenverlaufes auf einer Anhöhe errichtet hat. Auf einem quadratischen Sockel erhebt sich der zylindrische Bau aus Travertinmarmor, den ein Fries mit Festongehängen und Stierschädeln umzieht. Die Zinnen gehen auf die Umwandlung des Grabmonumentes in eine Burg durch die Caetani, jenem Geschlecht, dem Papst Bonifaz VIII. (reg. 1294–1303) entstammte, im Jahr 1299 n. Chr. zurück.
Ungefähr an der III. Meile erhebt sich ein mit dorischer Säulenordnung errichtetes Grabmal aus grauem Stein der Albaner Berge und das Monument des Hilarius Fuscus, das durch seine fünf Portraitbüsten auffällt.
Kurz vor Erreichen des VI. Meilensteins liegt das sogenannte Casal Rotondo, ein Rundmausoleum von respektablen Ausmaßen. Im 19. Jahrhundert wurde daneben eine Mauer mit Marmorfragmenten errichtet, die von einem kleinen Rundmausoleum stammten, das Konsul Lucio Cotta (ca. 105–130 v. Chr.) erbauen ließ. Girlandengeschmückte Kandelaber und Masken zieren die eingefügten Spolien.
In Höhe der VIII. Meile erhebt sich ein Ziegelgrab, mit einer von zwei Säulen flankierten Nischenfassade. Es soll sich um das Grab von Q. Veranius handeln, einer bedeutenden Persönlichkeit aus der Zeit Kaiser Neros (reg.54–68), die auch Tacitus nennt.

COTTA

Venedig, **Isola di S. Michele**

»Da sahen wir einen Leichenzug, wie er nur in Venedig vorkommen kann, wo selbst die Toten auf eine wahrhaft idyllische Weise zur Erde bestattet werden und der düstere schwarze Tod seine Schrecken verliert. Auf einer Bank stand der Sarg, zu beiden Seiten brannten Kerzen, Geistliche und Ministranten standen am Fuße und am Kopfe des Sarges, Kreuz und Fackeln in den Händen tragend. Sanft und ruhig glitt die Barke mit der todten Bürde dahin, kaum daß man die Ruderschläge der Gondoliere hörte. Hinter dieser Barke mit dem Sarge folgten etwa 30 Barken mit den Leidtragenden... Unwillkürlich wurde man an den griesgrämigen Fuhrmann der Unterwelt erinnert, welcher die Geister der Abgestorbenen über den Styx hinunter in den Hades führt. Der Kirchhof liegt auf der Insel S. Michele bei Venedig und müssen alle Todten dorthin verbracht werden...« Konrad Sickinger hielt diese Beobachtung in seinen Reisebildern aus Italien fest, die 1894 erschienen sind. Die roten Umfassungsmauern und die leuchtend weiße Kirchenfassade mit den dunkelgrünen Zypressen geben der Toteninsel ihr eigentümliches Flair, denn Tod und Venedig bilden eine eigentümlich melancholische Symbiose, die Thomas Mann (1875–1955) zum Titel seiner Novelle »Tod in Venedig« erkor.

Für Venedig ist die Toteninsel eine junge Institution, denn man bestattete auch hier wie überall die Verstorbenen mitten im Stadtgebiet um die Kirchen herum, bis man Anfang des 19. Jahrhunderts die Inseln S. Michele und San Cristoforo zusammenlegte und ihrer neuen Bestimmung zugeführt hat. Das Kloster mit seinen Gebäuden ist freilich älter, die Kirche von Mauro Coducci (um 1440–1504) wurde 1469 begonnen. Der 1478 vollendete Bau ist von Leon Battista Albertis (1404–1472) Tempio Malatestiano in Rimini beeinflußt und repräsentiert eine streng nüchtene antikisierende Fassade. Im Kontrast dazu muß die um 1530 errichtete sechseckige Capelle Emiliani mit ihrer grünen Marmorinkrustation von Guglielmo Bergamasco (nachgewiesen 1515–1530) gesehen werden. Nicht weit vom Kircheneingang entfernt bezeichnet ein schlichter Stein die Grabstätte von Galileo Galileis (1564–1642) Freund, Staatstheologen und Kirchengeschichtler Paolo Sarpi (1552–1623). Er hatte ein Werk über die Geschichte des tridentinischen Konzils mit einer gegen Rom gerichteten Tendenz verfaßt. Er wurde hierher überführt, als das Servitenkloster aufgehoben worden war.

Der Friedhof selbst atmet die gleiche Gestalt wie alle italienischen Friedhöfe in den Großstädten mit ihren pomösen Denkmälern aus weißem Marmor, ihren zahlreich auftretenden Engelsgestalten, den Portraitbüsten, den Grabkapellen und den Mausoleen einflußreicher Familien. Ihn unterscheidet nur das Gräberfeld für die griechisch-orthodoxe Gemeinde San Giorgio und hier liegt einer der wenigen Prominenten begraben, der Tänzer Serge Diaghilev. Seine Beerdigung rief einen Eklat hervor, als der Tänzer Serge Lifar von Schmerz überwältigt in das offene Grab gesprungen war. (Man behauptet, daß heute viele Leichenbestatter in Amerika diese Attraktion den Hinterbliebenen durch einen professionellen Trauernden anbieten.)

Der älteste erhaltene Friedhof Venedigs ist der vergessene, allmählich im Wasser versinkende, kleine jüdische Friedhof am Lido, dessen Gelände die Regierung 1386 der jüdischen Gemeinde überlassen hatte. Zahlreiche Dichter des 19. Jahrhunderts, wie George Sand (1804–1876) und ihr Freund Alfred de Musset (1810–1857), aber auch Lord Byron (1788–1824) oder Theophile Gautier (1811–1872) haben ihn und nicht die Toteninsel beschrieben.

Berühmte Persönlichkeiten

auf der Toteninsel
u.a. Léopold Robert (1794–1835), Maler
Frederich Rolfe, genannt Baron Corvo, Schriftsteller
Igor Strawinski (1882–1971), Komponist

auf dem jüdischen Friedhof
u.a. Samuel Aboab (–1694), Gelehrter
Sara Copio Sullam (–1549), Dichterin

FAMIGLIA GIADA
GIADA GIOVANNI
ROSSI LUIGIA
TOMASO FILIPPI
ANGELA VORANO FILIPPI
ALDO FILIPPI
IDA FILIPPI
STELLA FILIPPI
CLARA FILIPPI
ELVIRA FILIPPI
CONSTANCE FLETCHER
CROCE DI GUERRA
COPPO MARIA
TORRESINI
ELEONORA
ZECCHINI PASQUALE
VIANELLO DEGNAMERITA
LANZA GIOVANNI
LANZA MARIA
LANZA UGO
FAMIGLIA
SCANSELLI

Niederlande

Haarlem, St. Bavo
Kirchenboden als Friedhof

Der Neubau der Stadtpfarrkirche St. Bavo am Grote Markt, auch Grote Kerk genannt, war vor 1397 in Angreiff genommen worden; man begann wie bei solchen Bauwerken üblich, im Osten mit dem Chor, den man gegen 1400 vollenden konnte. Erst 1445 konnten die Arbeiten fortgesetzt werden. Der städtische Baumeister von Antwerpen, Everaert van Veeweyden genannt Spoorwater († 1474), übernahm die Bauleitung und errichtete das Querhaus. Gegen 1465 waren an diesem Bauteil die Arbeiten abgeschlossen. Anschließend wurde gegen 1470 das Langhaus aufgeführt; 1483 waren die Seitenschiffe zum größten Teil eingewölbt. Hier nennen die Urkunden Godevaert de Bosscher aus s'Hertogenbosch und Steven Elen als Baumeister. 1490 erhöhte man das Querhaus und schloß es mit einem offenen Dachstuhl ab. 1501 war das Vierungsgewölbe vollendet und im Jahr darauf mit dem steinernen Vierungsturm begonnen worden. Die Last des Turmes drückte aber auf das Gewölbe, so daß man ihn 1514/16 wieder abtragen mußte. An Stelle eines steinernen errichtete man nun einen hölzernen Turm nach Plänen von Michiel Bartessoen zwischen 1517 und 1520. 1530–1538 zog man in Mittelschiff und Chor eine hölzerne Wölbung ein.

Der Bau zählt zu den größten Kirchen der nördlichen Niederlande, gerade der langgestreckte Chor kann für die Nordniederlande als typische Architektur gelten, zumal ein Umgang ohne Kapellenkranz im Chor errichtet worden ist. Ferner fehlen die Strebepfeiler, da das Gewölbe über Chor und Mittelschiff nicht in Stein ausgeführt worden ist.

Von der Ausstattung sind noch Teile aus vorreformatorischer Zeit vorhanden. Die Chorgitter schuf Jens Fierens aus Mecheln zwischen 1509 und 1517; vom gleichen Meister stammt das 1499 entstandene Lesepult aus Messing. Der Boden des Kirchenschiffs unmittelbar vor dem Chorgitter ist wie in vielen anderen niederländischen Kirchen auch, dicht mit Grabplatten bedeckt. Meist enthalten sie neben der Inschrift das Wappen des Verstorbenen. Ähnliche Bestattungssitten kennen wir von der vor 1415 vollendeten St-Janskerk in s'Hertogenbosch.

Die Beisetzung im Inneren der Kirchen war zunächst motiviert von dem Wunsch, in der Nähe der Heiltümer, also der Reliquien beerdigt zu werden. Aus diesem Wunsch erwuchs das Privileg zur Bestattung im Kirchengebäude, das besonders in den Niederlanden teilweise für Standespersonen käuflich war. Zu Beginn der Reformation war die religiöse Bedeutung der Beisetzung in den Kirchen verloren gegangen; das privilegierte Kirchengrab genoß dafür bei den Hinterbliebenen ein hohes soziales Prestige. Aus diesem Grund behielt man bis zur Aufklärung die Kirchenbeisetzung bei, wofür St. Bavo ein anschauliches Beispiel ist.

Die Gemeinschaft der Lebenden und der Toten unter einem Kirchendach illustriert ein barockes, unter der großen von Christiaan Muller 1738 errichteten Orgel angebrachtes Marmorrelief. Der flämische Bildhauer Jan Baptist Xavery (1697–1742) hat in bewegten barocken Formen eine Allegorie auf die Schenkung der Orgel verbunden mit den Aufgaben des Kirchenbaues, indem er die Personifikationen des Glaubens, der Poesie und der Musik unter der entschwebenden Ewigkeit darstellte. Die antikische exedrenartige Ausbuchtung des reliefierten Hintergrundes überhöht das Pathos der Darstellung.

1580

Schiermonnikoog, **Freedenhof**

Schiermonnikoog auf der östlichsten der Westfriesischen Inseln mit seinen Dünen und Wäldern und dem verlassenen Gestade verdankt seinen Namen den »schieren« = grauen Mönchen des Zisterzienserklosters Klaarkamp in Rinsumageest, in deren Besitz sich das Eiland befand. Die Entfernung zum Festland war im Mittelalter wesentlich geringer als heute, so daß die Mönche, wie überliefert wird, die Glocken der Insel in Anjum auf dem Festland hören konnten. 1580 kam die Insel als Domäne zu Friesland, wurde 1688 an den englischen Grafen Clanrigarthy verkauft, der England nach der Vertreibung der katholischen Stuarts und der Thronbesteigung Wilhelms III. von Oranien (1650–1602) verlassen mußte. Er lebte hier 30 Jahre mit Mätressen und Musikanten. Von 1892 bis 1945 besaß das Geschlecht der Grafen von Bernstorff-Wehingen die Insel.
Das einzige Dorf der Insel wurde 1760 errichtet, nachdem die ältere Ansiedlung im Meer versunken war. Östlich des Dorfes liegt der Seemannsfriedhof Vredenhof. Solche Seefahrerfriedhöfe erzählen vom Schicksal der Matrosen, besitzen aber auch eine Reihe namenloser Gräber, in denen die Leichen Schiffbrüchiger aufgenommen worden sind.
Die Verbindung von Meer und Dünen ruft eine fern aller bürgerlichen Konventionen und fern aller Künstlichkeit aufkommende melancholische Stimmung hervor.

IN HERINNERING
MARTEN SMIDS
RUSTPLAATS
JAN FENENGA
RUSTPLAATS
ROMKJE WIEBES
WIETSKE J TEENSMA
IN DANKBARE GEDACHTENIS
AREND LUKAS KOK
RUSTPLAATS
HINDRIK VISSER
† 10-9-1970
HIER RUSTEN
OVERL. ALHIER
EN

Österreich

Alpbach, Bergfriedhof, malerischer Friedhof

Der Typus des malerischen Friedhof kann als Gattung kaum beschrieben werden, da ganz unterschiedliche Anlagen diesen Reiz ausüben. In Alpbach beispielsweise liegt der Friedhof einer Streusiedlung auf einem sanften Berghang. Am Friedhofseingang wurde 1954 ein Kriegerdenkmal mit einem Vesperbild des einheimischen Bildhauers Jakob Lederer errichtet.
In St. Martin im Val d'Hérens (Schweiz) verleiht die Dorfkirche dem hoch am Bergrand gelegenen Friedhof einen Akzent. Dazu blüht das Gräberfeld wie ein Bauerngarten. Einheitlich geformte Grabkreuze mit Schutzdach scharen sich unter einem ebenso gestalteten Hochkreuz. Gegenüber diesem Bauernfriedhof erscheint der mondäne Friedhof in Morcote (Schweiz) nicht minder malerisch. Ein von Zypressen gesäumter Weg führt hier zu einer weiß getünchten, leuchtenden Kapelle. Die aufwendigen Mausoleen stehen inmitten einer üppigen mediterranen Vegetation. Zu der Symbiose von Marmorarchitekturen und Natur kommt eine atemberaubende Aussicht auf den Luganer See. Auch auf dem Friedhof Siehlfeld in Zürich kann man über die Stadtkulisse hinweg einen Blick auf die Alpen werfen.
Malerisch erscheint auch der kleine geschichtsträchtige schottische Friedhof von Kinross auf der schottischen Halbinsel Fife am Ende einer Landzunge, wo Urnen und Obelisken entlang des Loch Leven an der schmalsten Stelle zwischen Ufer und Insel sich erheben mit dem Blick zur Festung Lochleven Castle, wo Maria Stuart (1542–1587) 1567 gefangen saß.
Generell läßt sich herausstellen, daß der Eindruck des Malerischen eine gewisse Einheit von Landschaft und Gräberfeld benötigt. Das Malerische wird durch Beziehungen einzelner Bildelemente, etwa der ummauerte Friedhofbezirk mit der überragenden Pappel, hervorgerufen, die so organisiert sind, daß sie in ihrer Bedeutung über das Vordergründige hinausweisen. Die Einheit des Ensembles aus verschiedenen Elementen von Natur und Kultur entsteht durch die Beziehungen der einzelnen Bestandteile untereinander und zum Gesamtbild, das vor dem Betrachter entsteht.
Nicht nur aus der Nähe beim Besuch des Friedhofs, sondern auch aus der Ferne muß ein stimmiges Bild auf den Betrachter wirken. Selbst der zum Friedhof führende Weg kann Anteil an der außerordentlichen Wirkung haben, die Empfindungen steigert. Dabei bewirkt die Einheitlichkeit der schlichten Steine oder Holzkreuze wie in Val d'Hérens (Schweiz) als altüberlieferte Ordnung ebenso wie die Vielfalt der Grabmäler in Verbindung mit der Anpflanzung und der Umgebung, etwa in Morcote, den gleichen malerischen Effekt. Auch halb verfallene Friedhöfe mit eingesunkenen oder in Schieflage geratenen Grabsteinen in unberührter Natur erzielen ebenso malerische Wirkungen wie die gepflegte Anlage in gestalter Natur oder ein künstliches, aber geschickt inszeniertes Areal.
Malerische Wirkung kann entstehen, wenn eine elegische Stimmung verbreitet wird, Mauerwerk und Grabsteine zur Harmonie finden, Gräber vor einer atemberaubenden Bergkulisse einen Hauch von Ewigkeit vermitteln, oder Grabsteine aus der unendlichen Weite der Ebene herausheben. Es muß nicht immer eine Hanglage sein, ebenso können im Schilfgras an den Küsten aufgestellte Steine malerisch erscheinen. Auch die Ehrwürdigkeit einer Grabstätte kann sich zu malerischer Wirkung steigern, etwa der Abteifriedhof von Iona auf den Hebriden, wo verwitterte und geborstene Steine um die romanische St. Oran's Chapel ihrem natürlichen Verfall überlassen sind.

THOMAS

Deutsch-Altenburg, Karner

Eine Sonderform der Friedhofsarchitektur bilden die Karner, in denen die Totengebeine aufbewahrt werden, wenn das Grab auf dem oft nur kleinen Kirchhof erneut belegt werden mußte. Dieser Brauch hat sich von Klöstern aus verbreitet. So wissen wir von der Zisterzienserabtei Clairvaux, daß man 1148 bei Ausschachtungsarbeiten zutage getretenes Gebein sogfältig sammelte und nahe der Kirche wieder beisetzte. Die Bezeichnung Karner leitet sich von caranlis= fleischlich, irdisch ab. Man kann sie als Anbauten an Kirchen finden, wie beispielsweise an der Nordseite der Margarethenkapelle in Epfig/Elsaß (11./12. Jahrhundert). Für einen Karner können verschlossene Räume oder Nischen in der Vorhalle oder unter dem Chor der Kirche bzw der Sakristei dienen. Freistehende Karner ähneln meist Kapellen, weil sie eine Apsis und ein Türmchen besitzen. Meist waren sie zweigeschossig angelegt, damit an dem Kapellenaltar im Obergeschoß Totenmessen gefeiert werden können.

Normalerweise wurden sie als schlichte Architekturen auf rechteckigen Grundrissen errichtet. Besonders im Südosten des Deutschen Reiches weisen dagegen fast alle Karner kreisrunde oder polygone Zentralbauform auf. In Niederösterreich, Steiermark, Kärnten und Slowenien standen im Mittelalter solche Bauwerke direkt neben den Stifts- und Pfarrkirchen. Deutsche Siedler haben sie bis nach Ungarn, Mähren und in der Slowakei verbreitet.

Ein typisches Beispiel ist der Karner St. Leonhard in Deutsch-Altenburg, der an der Kirchhofmauer südöstlich von der Pfarrkirche als runder, außen mit Wandsäulen und Bogenfries gegliederter Quaderbau mit anschließender etwa halbkreisförmiger Apsis im frühen 13. Jahrhundert errichtet worden ist. Ein reiches Säulenportal im Westen führt in das Innere. Im Inneren ist ein kuppelartiges Gewölbe mit über Konsolen aufwachsenden breiten Kreuzrippen eingezogen. Das Gewölbe des Beinkellers im Untergeschoß wird von einem Mittelpfeiler gestützt. Über eine Außentreppe gelangt man von Norden zu diesem Beinhaus .

Der Karner von Tulln/Niederösterreich wurde als elfseitiges Polygon mit Blendarkaden und vermutlich einer Stifterfigur errichtet. Das prachtvolle Säulenportal bildet einen Höhepunkt gestalterischen Reichtums im zweiten Viertel des 13. Jahrhunderts, als Herzog Friedrich der Streitbare (reg. 1230–1246) zahlreiche Prunkarchitekturen von zuvor in Ják (Ungarn) tätigen Steinmetzen aufführen ließ. In einem Fall, in Rügenwalde, wurde sogar ein zwölfeckiges Ossuarium errichtet. Die Verbreitung der Zentralraum-Karner scheint eine landschaftlich-regional bedingte Sonderform zu sein; man verweist gerne auf die Vorbilder des Heiligen Grabes in Jerusalem, aber es fehlt jeder Beleg auch hinsichtlich des Patroziniums für diese Herleitung. Man bevorzugt Heilige, die als Fürsprecher für einen guten Tod oder als beliebte Volksheilige, wie St. Leonhard in Deutsch-Altenburg das Vertrauen der Bevölkerung besitzen. Die Ausmalungsprogramme verweisen ganz allgemein auf das Jenseits mit Darstellungen der Majestas Domini oder Rettungsszenen und Wundertaten der Kirchenpatrone.

Vielleicht läßt sich die kreisrunde Form mit der Erläuterung des Friedhofs in der »Gemma Animae« betitelten Schrift von Honorius Augustodunensis um 1160 erklären: »Die runden Kirchen in Kreisform zeigen, daß die Kirche über den Weltkreis hin im Kreis der Krone der Ewigkeit um der Liebe willen gebaut wird.«

Karner

Kramsach/Tirol, **Musterfriedhof**

Dieser Friedhof stellt in jeder Beziehung ein Kuriosum dar, denn hier existieren weder Gräber, noch liegen Tote unter der Erde. Vielmehr hat die Hinwendung zum Bizarren und Skurrilen einen mit Phantasie begabten Kunstschmied, den Inhaber der Sagzahnschmiede, mit Interesse an der kuriosen Poesie der Grabinschriften dazu verführt, zunächst einmal ausgediente, in schlechtem Zustand befindliche Steine auf Abfallhaufen oder in Scheunen zu sammeln. Er restaurierte sie und stellte sie in einem mit Bäumen und Blumen angelegten Gelände auf.
Als Inschriften malte er all jene überall verbreiteten und wohlbekannten Ausgeburten der Grabinschriftspoesie, sozusagen alle »Klassiker dieses Genres« (Röhrich) auf die Namensschilder. So lesen wir auf einem volutenreich verzierten Schild eines schmiedeisernen Grabkreuzes: »Hier liegt in süßer Ruh' erdrückt von seiner Kuh, Franz Xaver Maier daraus sieht man, wie kurios man sterben kann«. Auf einem von frühklassizistischen Gehängen umgebenen Schild steht der Spruch: »Hier liegt Johannes Weindl. Er lebte wie ein Schweindl. Gesoffen hat er wie eine Kuh, der Herr geb ihm die ewge Ruh.« Diese Inschrift stammt ursprünglich aus Laberweintig vor Geiselhöring und bedient sich der seit der Commedia del'Arte verbreiteten Figurencharakteristik, laut der Trunkenbolde immer komische Erscheinungen sind. Ebenso ist es mittelalterlichen Schwänken zu verdanken, daß dem bösen Weib man gerne den Tod wünscht. Auf der Grabinschrift liest man dann etwa: »Wohl ist ihr und auch mir«.
Nicht alle diese Inschriften sind tatsächlich von Grabdenkmalen abgelesen. Gerade fingierte Beispiele zeigen, wie durch Übersteigerung ein parodistischer Effekt erzielt wird. Gelegentlich kennt man die Schöpfer solcher Verse, etwa kurz nach der Jahrhundertwende Alfred Henschke (1890–1928) alias Klabund oder Rudolf Grainz alias Tuifelmaler Kassian Kluibenschädel 1963. Die wirkliche Komik der Grabinschriften äußert sich dagegen anders, denn die unbewußte Komik holpert, weiß sich nicht treffend auszudrücken und reimt recht ungeschickt, was dann oft erst die ernst gemeinte Grabschrift ins Komische wandelt: »Hier liegt unter allerhand auch Peter Violand, Er war im Leben welcher, im bürgerlichen Leben Selcher. Er lebte in Furcht und Zucht und starb an der Wassersucht«.
Unfreiwillige Komik entsteht auch, wenn nicht zusammenpassende Mitteilungen in einer Inschrift zusammengedrängt werden: »Er starb zum größten Leidwesen seiner Gemeinde eines seligen Todes« oder die Feststellung der Todesursache auf dem ärztlichen Totenschein in der Grabinschrift übernommen wird: »Gestorben an Körperverletzung mit nachfolgendem Tode«. Andere Inschriften wirken nur wegen der veränderten inhaltlichen Begriffsdefinition heute komisch, etwa der Klassiker: »Hier ruht die ehr- und tugendsame Jungfrau Genovefa Voggenhubern, betrauert von ihrem einzigen Sohn«. Jungfrau war im 18. Jahrhundert die Bezeichnung für eine verheiratete Frau, die Inschrift also üblich. Ebensowenig waren in der Vergangenheit die vom jähen Tod ohne Vorbereitung und Empfang der Sakramente auch noch bei sündhaftem Tun kündenden Inschriften komisch gemeint, sondern als drastisches memento mori, wenn wir lesen: »Hier ruhen drei, die warn beim Skat, als der Blitz sie alle erschlagen hat.«
Beabsichtigte Komik kommt dann vor, wenn der Verstorbene noch zu Lebzeiten den Text seiner Grabinschrift entworfen hat, so der Poet Ferdinand Sauter auf dem Hernalser Friedhof in Wien: »Viel genossen, viel gelitten und das Glück lag in der Mitten…«

Maria Saal/Kärnten, Friedhof mit Totenleuchte

Die erstmals urkundlich 860 bezeugte Kirche Mariä Himmelfahrt war um die Mitte des 8. Jahrhunderts von dem aus Salzburg ausgesandten Chorbischof Modestus gegründet worden. Ihr Name leitet sich aus der Bezeichnung S. Mariae in oder de Solio = Maria in der Sonne ab und wandelte sich 1497 zu »frawenkirche im Saall«.
Da auf der Hochterrasse eine kleine römerzeitliche Ansiedlung im Weichbild der Stadt Virunum lag, hat sich inmitten des von Wehrmauern mit Schießscharten umgebenen Kirchenbezirks auf der Südseite der heutigen spätgotischen Kirche ein Lapidarium mit zahlreichen Grabsteinen erhalten. Sie zeigen einen Trauergenius oder Reliefbüsten eines Ehepaares, opferspendende Diener und Dienerinnen, sowie Darstellungen aus der Mythologie, wie die Schleifung Hektors vor Troja durch Achill. Sie sind umgeben von spätgotischen Epitaphien, wie der mit Doppelwappen geschmückten Grabplatte der Familie Moredax von 1561, dem aus Rotmarmor um 1480 gefertigten Reliefgrabstein der Eltern des Leonard von Keutschach mit der Darstellung eines Schmerzensmannes. Ein Meisterwerk des Hans Valkenauer (um 1448–nach 1518) mit der Darstellung der Marienkrönung stiftete 1510 Erzbischof Leonard von Keutschach († 1515) als Andenken an seine Brüder Wolfgang und Mert. Neben dem ursprünglich kreisrund errichteten und um 1500 mit einem zweigeschossigen, offenen neunseitigen Arkadenumgang versehenen Karner ist vor allem die Totenleuchte vor dem Südportal inmitten des Friedhofs bemerkenswert. Sie wurde laut Bauinschrift 1497 von Vikar Erasmus Khapawn gestiftet. Über einem gewundenen Schaft mit Engelsdarstellung und Stifterfigur erhebt sich das fialengeschmückte Türmchen. Solche Totenleuchten sollten in erster Linie an die Würde des geweihten Platzes erinnern, an die Toten gemahnen und Hinweis sein, daß den Toten ewiges Licht leuchten möge. Darüber hinaus sollten durch ihr Licht die Dämonen vertrieben und alle Störungen der Totenruhe abgehalten werden. In einer Beschreibung des Petrus Venerabilis († 1156), des neunten Abtes von Cluny, wird eine solche Leuchte auf dem Friedhof der Abtei Cherlieu bei Mâcon erwähnt: »Im mittleren Teil des Friedhofs steht ein gewisser, steinerner Aufbau, der zuoberst eine Einrichtung für eine Lampe hat, welche aus Ehrfurcht für die begrabenen Gläubigen die ganze Nacht den geweihten Ort beleuchtet. Auf Stufen kann man hinaufsteigen, und oben ist Raum für zwei oder drei Personen zum Stehen oder Sitzen.«
Auch in Admont in der Steiermark befand sich eine Totenleuchte, für die am 12. August 1273 die Mittel zum Unterhalt des Friedhofslichtes gestiftet worden sind. Sie muß sehr aufwendig gestaltet worden sein. Der Ursprung dürfte allerdings im Gebiet von Garonne und Loire zu suchen sein, wo zugleich die monumentalsten Beispiele dieser Gattung aufgeführt worden sind. Bis zu zwölf Meter ragten die Totenleuchten von Estrée-Saint-Genoud, Oradour-Saint-Genest, Cellefrouin, Pers oder Antigny-Vienne auf. Die Gestalt dürfte von den antiken Leuchttürmen inspiriert worden sein. Kreuzfahrer errichteten ein solches Bauwerk in Akkon. 1268 wird in Schulpforta eine Totenleuchte erbaut. Erst in spätgotischer Zeit finden wir sie in Kärnten und Tirol in allerdings niedrigerer Gestalt, dafür um Skulpturen bereichert. Neben den Leuchten auf Freipfeilern gibt es auch tabernakelartige Nischen an den zum Friedhof hin gelegenen Langhauswänden, so beispielsweise in Dörrenbach/Pfalz um 1470 oder im Inneren von Beinhauskapellen, etwa im Hochsaal bei Laufen am Hochrhein 1491. Ebenso können sie Bestandteil des Domkreuzgangs sein, etwa in Mainz (14. Jahrhundert) oder Augsburg (15. Jahrhundert).

Salzburg, Sebastiansfriedhof

Unterhalb des Kapuzinerberges wurde an der Linzergasse 1749 bis 1753 anstelle einer spätgotischen 1505–1512 erbauten Kirche ein Neubau in den Formen des Rokoko 1749–1753 durch Baumeister Kassian Singer († 1759) von Kitzbühl errichtet. Bereits bei der spätgotischen Kirche war ein Armenfriedhof gelegen, der 1595 bis 1600 ein völlig neues Gepräge erhalten hat. Der aus Como in Italien stammende Architekt Andrea Bertoletti (erstmals erwähnt 1587) umschloß das annähernd quadratische Areal auf allen vier Seiten mit Arkaden, unter denen 84 repräsentative Grabmonumente aufgestellt werden konnten. In der Mitte des Friedhofs, genau in der Längsachse des Weges wurde 1597–1603 die Gabrielskapelle als Mausoleum des Salzburger Erzbischofs Wolf Dietrich von Raitenau (1559–1617) erbaut. Auf seine Anregung ist die Neugestaltung des Friedhofs zurückgegangen. Der zylinderförmige Rundbau mit Halbkugel-Gewölbe ist außen durch schlanke toskanische Pfeiler gegliedert. Bunte Wandfließen fertigte der Hafner Hans Kapp. Die Vorbilder für die Muster dürfte er von vergleichbaren spanischen Kacheln übernommen haben. Überlebensgroße Stuckfiguren der vier Evangelisten und Gedenktafeln in Bronzerahmen, letztere Arbeiten von Erzgießer Christoph Herold aus Nürnberg (erstmals erwähnt 1603) zwischen 1605 und 1607, schmücken den Zentralraum. An den Zentralraum schließt sich das Chorquadrat mit einer Kassettendecke an.
Unter den in den Nischen des Arkadenumgangs durchnummerierten Begräbnisplätzen entfaltet sich die stilistische Entwicklung von Skulptur, Malerei und Schmiedekunst vom Beginn des 17. Jahrhunderts bis zur Mitte des 19. Jahrhunderts. Im Westflügel wurde mit der Belegung begonnen. Man gestaltete sie wie einst die Epitaphien in den Kapellen der Kirchengebäude auch als Retabel oder wählte die Gestalt eines Triumphportales. Das älteste Denkmal ist eine spätgotische Arbeit von Hans Conrad Asper (um 1508–um 1556), die zweitverwendet in der 16. Nische der Ostwand zu sehen ist. Besonders bemerkenswert sind in der 10. Nische der Westwand Grabmal und Bildnisbüste des aus Como stammenden, mit 30 Jahren nach Salzburg übersiedelten Baumeisters, Stukkateurs und Mosaizisten Elia Castello (†1602). Er war Hofbaumeister des Erzbischofs von Raitenau und an der Errichtung der Friedhofskapelle beteiligt. Seine Söhne Pietro und Antonio (Lebensdaten nicht bekannt) haben das Grabmal für ihren Vater errichtet. In der 23. Nische steht ein Marmorsarkophag mit einem Grabengel. Mehrere Gemälde und Fresken des Salzburgers Franz Nikolaus Streicher (1738–1811) demonstrieren den Einzug des Rokoko auf den Friedhof. Leider sind bei der Auflassung 1888 mehrere Epitaphien von den Angehörigern der hier Bestatteten entfernt worden.
Diese Anlage mit ihrer genauen Einteilung in Grabfelder wird in der Literatur in Zusammenhang mit der Anlage des mittelalterlichen Camposanto von Pisa gebracht. Doch läßt sich dieser Zusammenhang nicht nachweisen. Wahrscheinlich hat sich Erzbischof von Raitenau bei diesem inmitten der Stadt gelegenen Friedhof von dem Gedanken der Übertragung des Privilegs der im Kirchenraum befindlichen Grabstätte auf den Außenraum leiten lassen. Die Beisetzung unter einer Arkade erhielt die gleiche Bedeutung wie die Aufstellung eines Grabdenkmals in einer Kapelle. Es geht also um ein Privileg bei der Bestattung.

Bedeutende Persönlichkeiten

u.a. Konstanze Mozart, geb. v. Weber (1763–1842), Witwe Mozarts
Leopold Mozart (1719–1787), Mozarts Vater
Paracelsus 81493–1541), Mediziner
(Grab im Durchgang von Kirche zum Friedhof)

Constantia
von
NISSEN
Wittwe
MOZART
geborne v. Weber
geb: zu Freyburg
am 6t Jäner 1763,
starb hier am 6t
März 1842.
JEANNETTE
BERCHTHOLD
VON
SONNENBURG
PFLEGERSTOCHTER
VON ST. GILGEN
* ST. GILGEN 22. MÄRZ 1789
+ 1. SEPTEMBER 1805
GENOVEFA
WEBER
GEB. BRENNER
KAPELLMEISTERS- u. SCHAU-
SPIELDIREKTORSGATTIN
MUTTER DES
CARL MARIA VON WEBER
* MARKT OBERDORF b. AUGSBURG
2. JÄNNER 1764
LEOPOLD
MOZART
HOCHFÜRSTLICHER
VIZEKAPELLMEISTER
* AUGSBURG 14. NOV. 1719
+ 28 MAI 1787
EUPHROSINA
PERTL
GEB. ALTMANN
VERWITW. PUXBAUMER
PFLEGERSWITWE
VON ST. GILGEN
* SALZBURG 6. MÄRZ 1688
+ 9. DEZEMBER 1755

Salzburg, Petersfriedhof

Der nordwestlich vom Dom und dem Kapitelplatz direkt neben der Erzabtei St. Peter gelegene Begräbnisplatz am Abhang des Mönchsbergs wurde wegen seiner besonders stimmungsvollen Lage zu einem beliebten Malmotiv der Landschaftsmalerei der Romantik und des Biedermeier. Außerdem befindet sich an dieser Stelle der älteste christliche in die Römerzeit zurückweisende Bestattungort.

Die sogenannten Katakomben mit der Maximus und Gertudenkapelle waren in die Felsenwand des Mönchsberges eingetieft. Seine heutige Gestalt erhielt die Stätte mit der Anlage der Arkaden und den reichen schmiedeisernen Gittern im Jahr 1627. Die romanische Kreuzkapelle auf der rechten Seite wurde 1614 umgestaltet, dahinter liegt die Ägidiuskapelle mit ihrer Wandmalerei aus der Zeit um 1420. Inmitten des Friedhofs wurde vermutlich von Baumeister Peter Intzinger in den Jahren 1485–1491 die Margarethenkapelle errichtet. Sie besitzt innen wie außen bemerkenswerte Grabsteine aus einem Zeitraum zwischen dem 15. und dem 17. Jahrhundert.

Aber auch der Klosterkomplex von St. Peter beherbergt zahllose Grabdenkmäler, die bis ins 13. Jahrhundert zurückreichen. Auffallend ist die Verwendung von rotem Marmor. Als Grablegen dienten neben der Stiftskirche die St. Wolfgangskapelle, die Heiligen-Geist-Kapelle, und Teile des Kreuzgangs. Im alten Kapitelsaal und in der Marienkapelle befinden sich die Grabmäler noch in situ in der ursprünglichen Anordnung.

Die ältesten Beispiele weisen noch keine bildliche Darstellung auf, sondern nur eine kurze Inschrift, wie die Grabplatte des 1288 verstorbenen Abtes Dietmar (reg. 1270–1288), der auch Nichtadeligen den Eintritt in das Kloster ermöglichte. Wappendarstellungen in Ritztechnik finden sich auf Grabplatten seit dem beginnenden 14. Jahrhundert, wie das Grab von Wolfgang Waldecker († 1397) im Kreuzgang belegt. Zu den Meisterwerken Salzburger heraldischer Darstellungen zählt die Grabplatte des Pfleger von Wartenfels, Ortolf Mosar († 1430) im Kreuzgang. In Relief ist der Schild zwischen Laubornamenten angeordnet. Die Schildfigur zeigt einen geflügelten Löwenkopf. Figürliche Darstellungen, meist Liegefiguren der Beigesetzten waren in der Regel von einer rahmenden Umschrift umgeben. So zeigt die Grabplatte den verstorbenen Abt Georg Waller (reg. 1428–1435), der erfolgreich die Klosterdisziplin hob, die Gestalt in vollem Ornat in die Fläche eingeritzt. Lediglich der Kopf wurde als Flachrelief angedeutet. Einen qualitativen Höhepunkt bildet die um 1430/40 entstandene Reliefplatte des hl. Vitalis († 646) in kräftig herausgearbeitetem Relief in vollem Ornat. In der Krümme des Stabes erkennt man die Halbfigur des Apostelfürsten Petrus. An der Brust des Heiligen wächst eine Votivlilie aus Blech heraus. Das einzige Hochgrab ließ Erzbischof Wolf Dietrich (1559–1617) für seinen Vater Ritter Hans Werner von Raitenau († 1593) errichten.

Unter den Grabsteinen an der Maragarethenkapelle sind der Wappenstein für die Familie Reuther († 1416 und 1502) an der Südseite bemerkenswert. Gelegentlich läßt sich auch eine Zweitverwendung beobachten, so enthält der figürliche Grabstein des V. Uiberacker († 1532) ein Relief aus dem Jahr 1490.

Am Aufstieg zu den Katakomben liegt die Kommonigruft mit der Grabstätte des Komponisten Michael Haydn (1737–1806).

Wien, Kapuziner-Kirche, Kaisergruft

Die Gemahlin Anna († 1618) des österreichischen Herrschers Matthias von Habsburg († 1619) beabsichtigte, dem Kapuzinerorden einen Konvent mit Kirche auf dem Mehlmarkt zu stiften, der »ein Begräbnis für den Kaiser und sich selbst« aufnehmen sollte. Bis es jedoch 1622 zur Grundsteinlegung gekommen war, war das Kaiserpaar verstorben und im Königinkloster St. Clara in der Dorotheengasse beigesetzt worden. 1632 wurde der schlichte, kreuzförmige Kirchenbau feierlich konsekriert. Ein Jahr später hat man die Gebeine der verstorbenen Stifter von St. Clara in die für das Paar bestimmte Engelsgruft überführt. Dennoch entwickelte sich aus dieser Stiftung noch kein Erbbegräbnis für die Habsburger, denn Kaiser Ferdinand II. (1578–1637) ließ sich in seiner Heimatstadt Graz beisetzen. Erst mit dem letzten Willen Kaiser Ferdinands III. (1608–1657) avancierte die Kapuzinerkirche zur hauptsächlichen Grablege der Habsburger. Die Särge waren aus Metall, seit 1790 wird Kupfer verwendet.
Dafür mußte die Gruft im Laufe der Generationen sukzessive erweitert werden. Im Laufe der folgenden 300 Jahre entstanden nach der Kaisergruft die mehrfach, zuletzt 1710 von Johann Lukas von Hildebrandt (1668–1745) erweiterte Engelsgruft unter der Kaiserkapelle mit dem Sarg Karl-Josefs von Lothringen († 1715) und zehn Kindersärgen. Es folgten die 1657 angelegte und 1701 erweiterte Leopoldsgruft mit 24 Särgen und die 1720 errichtete Karlsgruft, in der sich sieben Särge befinden. Bemerkenswert ist hier am 1753 vollendenten Zinnsarkophag für Kaiser Karl VI. (1685–1740) die Gestalt der trauernden Austria mit Genius und Medaillonbild des Verstorbenen auf dem Deckel, ein Werk von Johann Nikolaus Moll (1709–1743) aus dem Jahr 1742.
Den Mittelpunkt der Gruftanlage bildet heute der kreuzförmige, mit Kuppel und Laterne bekrönte Zentralraum der Maria-Theresiengruft. Er wurde 1743/54 nach einem Entwurf von Jean Nicolas Jadot Baron de Ville Issey (1710–1761) erichtet, die Deckenmalereien mit der Vision des Propheten Ezechiel stammen von Josef Ignaz Mildorfer (1719–nach 1756). Der zinnerne Doppelsarkophag für Kaiserin Maria Theresia (1717–1780) und Franz I. (1708–1765) gilt als Hauptwerk der österreichischen Rokokoplastik. 1753 hat ihn Balthasar Ferdinand Moll (1717–1785) vollendet. Auf dem riesigen Sarkophag lagern halb aufgerichtet die lebensgroßen Gestalten des Kaiserpaares. Ein Putto kündet von Rum und Glaubenstreue. An den Eckstützen hocken trauernde Klagefiguren mit den Kroninsignien der vier österreichischen Herrschaftsbereiche (Österreich, Ungarn, Böhmen, Jerusalem). Reliefs und Trophäen schmücken die Längsseiten. In den Nischen sind zwölf weitere Zinnsärge Molls aufgestellt.
Franzensgruft, Ferdinandsgruft, und Toscanagruft sind Erweiterungen des 19. Jahrhunderts. 1908/09 kam die Franz-Josefsgruft hinzu. Die Sarkophagreliefs sind Arbeiten von Emanuel Pendl (* 1875). 1960–1962 fand die letzte Erweiterung mit der Neuen Gruft ihren Abschluß. Die aktuelle Familiengruft der Habsburger wurde im Kloster Muri in der Schweiz eingerichtet.
Mit der Beisetzung der in Zizers (Schweiz) verstorbenen Kaiserin Zita (* 1892) am 1. April 1989 ruhen hier 144 Angehörige der Habsburger. Einem alten Brauch entsprechend wird der Leib ohne Eingeweide entsprechend einbalsamiert. Die Indestina, die inneren Organe werden bei St.Stephan bestattet, die Herzen finden sich in einer eigenen Kapelle im Augustinerkloster.

Doppelsarkophag der Kaiserin Theresia und Kaiser Franz

Wien, Zentralfriedhof

An Allerheiligen 1874 wurde mit 13 Bestattungen der kommunale Zentralfriedhof eingeweiht. Er entlastete die bestehenden fünf katholischen und den allgemeinen Friedhof in Währing, die nach der Hofentschließung Kaier Josephs II. (1741–1790) um 1784 angelegt worden waren. Man plante, das bisher in Wien gepflogene System der Schachtgräber, in dem die Leichen übereinander bestattet werden, abzuschaffen und Gemeinschaftsgräber ohne Trennungen der Grabstätten an ihre Stelle zu setzen. Entsprechend wurden am Eröffnungstag – eine Einweihung des Friedhofs war, um den öffentlichen Charakter zu wahren, vom zuständigen Dechanten in aller Stille vorgenommen worden – zwölf Bestattungen in Gemeinschaftsgräbern vorgenommen. Das erste Einzelgrab wurde mit dem begüterten Wiener Bürger Jakob Zelzer belegt, dessen Grab heute noch die Nr. 1 des Zentralfriedhof trägt. Bis 1896 waren insgesamt vier Erweiterungen vorgenommen worden. 1899 wurde ein Wettbewerb für die Warte- und Leichenhallen, die Friedhofskirche und die Kolumbarien ausgeschrieben, den der damals 27-jährige Architekt Max Hegele (* 1873) gewann. Den Haupteingang rahmen die Reliefs des die Toten empfangenden Christus und die Menschen vor dem Tor ohne Wiederkehr von Georg Leiseck (* 1869)

Der Zentralfriedhof wird von monumentalen Bauten geprägt, darunter die Dr.-Karl-Lueger-Gedächtniskirche, in der der einstige Wiener Bürgermeister (1844–1910) in der Krypta beigesetzt worden ist. Max Hegele verwirklichte hier eines der wichtigen Bauwerke des Wiener Jugendstils. Ungefähr 200 Ehrengräber vornehmlich in den Abteilungen 14 A, 32 A und 32 C erinnern an weltbekannte Künstler und Wissenschaftler. Die Gebeine Beethovens (1770–1827), Glucks (1714–1787) und Schuberts (1797–1828) wurden nachträglich hierher überführt. (Ein weiterer Nobelfriedhof befindet sich in Hietzing.)

Mehr noch als die Gräber muß das Verhältnis des Wieners zum Tod beleuchtet werden, das sich im Begriff der »schönen Leich« zusammenfassen läßt. Dies war ein Schauspiel, das von reichen Bürgern unter Anteilnahme oft eines ganzen Wohnviertels inszeniert werden konnte. Dabei wurde der Pomp erst in der 2. Hälfte des 19. Jahrhunderts entfaltet; Vorbild waren die Trauerzeremonien des Kaiserhauses in der Barockzeit. In der Prachtklasse ruhte der Tote in einem pomphaften Sarkophag. Er stand bei Aufbahrung im schwarz drapierten sogenannten Paradesaal auf einem Katafalk. Silberne Engel trugen mit farbigen Flammen brennende Opferschalen. Die Pforte des Trauerhauses war mit einer entsprechenden Dekoration drapiert, und ein livrierter Portier mit Zeremonienstab überwachte den Zugang zum Sarg. Entsprechend geringer und weniger anspruchsvoll war der Aufwand in den weiteren fünf Klassen. Auch das den Sarg verhüllende Bahrtuch nahm an Kostbarkeit nach unten hin ab. Sargparamente wurden über dem Bahrtuch aufgeschnallt und drücken die konfessionelle Zugehörigkeit aus, ein Sargkruzifix für den gläubigen Laien, ein Kelch mit Hostie im Strahlenkranz für Geistliche, bestimmte Kreuze oder Sargbücher für Angehörige von Innungen, Bruderschaften oder sonstigen Gesellschaften und Vereinen.

Auch die Aufstellung des Konduktes mit Fahnenreitern, schabrackengeschmückten Pferden mit Laternen, der von Pferden gezogene Prachtwagen mit Sarg und zum Tragen der Funaralkrone umfunktioniertem Kutschbock, Wappen, Fackel und Sargträger gehörten zum Angebot der Pompfuneberer, wie in Wien nach dem französischen Begriff pomp funebre die Leichenbestatter hießen.

Bedeutende Persönlichkeiten

u.a. Abteilung 14A:
Hans Markart (1840–1884), Maler
Friedrich von Schmidt (1825–1891), Architekt

Abteilung 32 A:
Johannes Brahms (1833–1897), Komponist
Karl Millöcker (1842–1899), Komponist
Johann Nepomuk Nestroy (1801–1862), Dramatiker, Schauspieler
Johann Strauß Sohn (1825–1899), Komponist
Franz von Suppé (1819–1895), Komponist

Abteilung 32 C:
Paul Hörbiger (1894–1981); Schauspieler
Hans Moser (1889–1967), Schauspieler
Arnold Schönberg (1874–1951); Komponist
Robert Stolz (1880–1975), Komponist
Franz Werfel (1890–1945), Dichter
Fritz Wotruba (1907–1975), Bildhauer

Rußland

St. Petersburg, Lazarusfriedhof

Zu beiden Seiten der Paradeeinfahrt des Alexander-Newski-Klosters, das zum Gedenken an den Sieg über die Schweden 1240 unter Zar Peter dem Großen gegründet worden ist, erstrecken sich zwei Friedhöfe. Ebenso dient die Unterkirche Maria-Verkündigung als eine Art Pantheon für viele bedeutende Persönlichkeiten Rußlands, die hier beigesetzt worden sind. Der Klosterkomplex wird von zweigeschossigen galerieartigen Bauten gebildet, die zu einem Quadrat zusammengefügt sind.

Auf dem Lazarusfriedhof reihen sich unter einem von Lindenbäumen gebildeten, dichten Laubdach ähnlich wie auf den großen Pariser Friedhöfen wie bei einem irdischen Elysium Grabmal an Grabmal, viele dabei sind eingesunken oder in Schieflage geraten.

Das künstlerisch bedeutendste Monument ist das Grabmal des Bildhauers Michail Iwanowitsch Koslowski (1753–1802), das im selben Jahr nach eigenem zu Lebzeiten entstandenem Entwurf sein Schüler Wassilij Iwanowitsch Demuth-Malinowsky (1779–1846) ausgeführt hat. Es verkörpert geradezu ein Musterbeispiel der aufklärerischen Funeralikonographie. Über einer Plinthe erhebt sich ein trapezförmiger Sockel, dessen Vorderseite ein stark plastisch herausgearbeitetes Relief mit der Darstellung des geflügelten Thanatos als Todesgenius ziert. Der nackte ins Profil gerückte Jüngling stützt sich mit dem Ellenbogen auf einen mit Tüchern drapierten und teilweise verhüllten Torso, Symbol des letzten unvollendet gebliebenen Werks des Bildhauers. Seine Linke hält einen aus Mohnkapseln gebildeten Kranz als Attribut des ewigen Schlafes, während die Rechte die umgekehrte Fackel zum Zeichen des erlöschenden Lebens zu Boden senkt. Dieser Typus geht auf literarische Vorlagen zurück, denn Gotthold Ephraim Lessing (1729–1781) hat in seinem Traktat »Wie die Alten den Tod gebildet« den Tod als Bruder des Schlafes bezeichnet. Ein frühes Beispiel des Thanatos-Motivs findet sich an dem 1787 errichteten Friedhofsportal von Dessau – eine mit einem Tuch drapierte Urne über einem gestuften, sonst unbearbeiteten Sockel. Es erinnert damit an rationalistisches Formenideal, wie es in der französischen Revolutionsarchitektur entwickelt worden ist.

Das Grabmonument zeigt die Hinwendung des Bildhauers zum Klassizismus in seinen letzten Lebensjahren, angefangen von der Skulptur der Hauptfontäne mit einer Darstellung des Kampfes Simsons mit dem Löwen im Schloßgarten zu Peterhof von 1801 bis zum Denkmal für den Feldherrn A. W. Suwrows mit der Darstellung des Herkules als Krieger in antikischer Rüstung auf dem Marsfeld.

In dem beliebtesten und häufig aufgesuchten Grab ist der abessinische Hofmohr Peters des Großen, Ibrahim (Abraham) Hannibal, beigesetzt. Ihn hatte der russische Gesandte des Zaren als achtjähriges Kind aus dem Serail in Konstantinopel geschmuggelt und nach Petersburg geschickt. Der Junge wuchs unter der persönlichen Obhut von Zar Peter heran und wurde nach Paris zur Ausbildung als Artillerieoffizier geschickt. Er hatte es als General-en-Chef zu gesellschaftlichem Ansehen gebracht, so daß ihm sogar ein Wappen mit einem Elefanten samt Grafenkrone verliehen worden war. Seine Tochter war die Mutter Alexander Puschkins (1799–1837).

Viele andere Persönlichkeiten, wie der Begründer der russischen Naturwissenschaften Michail Lomonossow (1711–1765), Feldmarschall Graf Paul Alexandrowitsch Stroganow, der Architekt Carlo Rossi (1775/77–1849) und der Erbauer der Admiralität Thomas de Thonon (1754–1813), liegen hier noch begraben.

Grabmäler von Tschaikowsky (oben), Dostojewski (unten) und Rimski-Korsakow (S.167)

Schweiz

Luzern, Stiftsfriedhof

Nach einem Brand der Hofkirche St. Leodegar und St. Mauritius im Jahr 1633 wurde der gesamte damalige Kirchenvorplatz, der auch zuvor als Kirchhof diente, mit einer unregelmäßig angelegten fünfseitigen Arkadenanlage auf toskanischen Säulen umschlossen. Ein Ratsprotokoll vom 24. November 1639 sprach ein striktes Bestattungsverbot im Inneren der Kirche aus und legte für die künftige Nutzung des Friedhofes die Regeln fest: »Von jetzt ab sollen jene Glieder des Patriziates, die 'Herren Rät, und Hundert', welche früher keine eigenen Gräber in der Kirche besassen, ihre eigenen Gräber auf dem neugewonnenen Friedhofsplatz innerhalb der neuen Hallen zugewiesen erhalten, und zwar sollen jedem Ratsherrn des Täglichen Rates drei Gräber, den Mitgliedern des Grossen Rates je zwei Gräber zustehen in der Reihenfolge, wie man in den Rat gekommen war« Den Ratsherren, denen bereits in der Kirche seither eine Grabesstätte zugestanden worden war, wird nun die gleiche Anzahl an Grablegen auf dem neuen Friedhof zugewiesen, die sie ursprünglich in der Kirche besessen hatten. Jedoch wird ihnen Geduld abverlangt, bis die Arkaden und der Hallenbau weiter fortgeschritten sind.
Mit diesem bemerkenswerten Dokument erhält der Begräbnisplatz im Inneren der Kirche das gleiche Ansehen wie der privilegierte Platz innerhalb eines Friedhofes. Die Arkaden des Luzerner Friedhofs sind so in rechtlicher, nicht baulicher Hinsicht einer Grabkapelle gleichgestellt worden. Der von den Arkaden umschlossene freie Raum nimmt die Grabstätten der Nichtprivilegierten auf.
Die Architektur der Arkadenhalle ähnelt der eines Kreuzganges, welcher im Mittelalter ebenfalls Bestattungen aufgenommen hat, wie die Sepultur im Dom zu Würzburg beispielsweise belegt. Architektonische Verwandtschaft besteht auch zu den Ambiten, die ausgehend von Italien öfters als Arkadenumgänge seit dem 17. Jahrhundert ein in der Mitte gelegenes Kapellenheiligtum umschließen. Beim Camposanto ist es das hohe Kreuz, auf das alle Wege der Anlage achsial zusteuern; entsprechend ist auch der Luzerner Kirchhof angelegt. Jedoch verzichtete man in diesem Fall nicht auf die mittelalterliche Totenleuchte, die einem spätgotischen Bildstock nicht unähnlich ihren Platz einst seitlich dieses Kreuzes gefunden hatte. Dies belegt das Titelblatt des um 1825 angelegten Kunstalbums Nr. 14 in der Zentralbibliothek von Luzern. So dokumentieren diese beiden Bestandteile des Friedhofs, Kreuz und Totenleuchte, eindrucksvoll die Zeitenwende vom Mittelalter zur Neuzeit.
Luzern ist somit eines der wenigen Beispiele eines Camposantofriedhofs nördlich der Alpen. Er zeigt aber auch, daß mit dem Camposantogedanken kein Bruch in der aus dem Mittelalter überkommenen Tradition zu sehen ist, sondern eine Übertragung herkömmlicher Sitten. Dennoch war ein erster Schritt zur Trennung von Grab und Kirche getan, weil hiermit eine Entwicklung eingeleitet worden war, welche die kultische Ordnung des Kirchhofes durch eine der gesellschaftlichen Hierarchie folgende Ordnung allmählich ersetzte.
Der heutige städtische Friedhof liegt auf dem Hochplateau des Mohrentals und wurde 1884/85 angelegt. Auch hier erhebt sich, wie erstmals bei dem Camposantofriedhof anzutreffen, im Schnittpunkt der Achsen ein Friedhofskreuz, zu dem man allerdings erst nach Passieren eines tempelartigen Porpyläons als profaniertem Symbol des Jenseits gelangen kann.

Skandinavien

Lärbro/Gotland

Kirchhof und Bildstein Hammars I

Auf der Insel Gotland blühten nach der Völkerwanderungszeit Handel und Handwerk auf. Monumentales Zeugnis davon geben die zahlreich erhaltenen gotländischen Bildsteine, die allerdings kaum noch an den ursprünglichen Friedhöfen zu finden sind, weil sie nach ihrer Auffindung geborgen und entweder im Historiska Museet in Stockholm oder im Gotlands Fornsal in Visby bzw. unter freiem Himmel im Kulturhistorischen Museum Bunge aufgestellt worden sind. Dabei lassen sich drei Hauptstilgruppen ausmachen. Eine rein ornamentale, geometrische Zeichnung mit dem Motiv des Wirbelrades, des Ruderschiffs bzw. mit Schlangenornamenten kennzeichnet die ältesten Bildsteine. Die im Umriß schlanken Male schwingen leicht geschweift nach außen und schließen flachbogig nach oben ab. Ein solcher Stein aus dem 5. Jahrhundert wurde in der Wand einer an die Kirche angebauten Gebetskammer in Bro zweitverwendet. Da Bro ein altes Quellen- und später Wallfahrtsheiligtum war, finden sich noch viele Bildsteine in der Friedhofsmauer.
Eine zweite zwischen 700–900 verwendete Gruppe weist erzählende Darstellungen an der Frontseite auf. Dazu zählt der berühmte auf dem Grabfeld Stora Hammars in Lärbro gefundene, heute in Bunge aufgestellte Bildstein Hammars I. Er zeigt im oberen Drittel eine Hinrichtungsszene, darunter ein auffällig geflochtenes Dreieck, vermutlich das Symbol des allwissenden Odin, über einem Scheiterhaufen oder einen Altar mit einem Menschenopfer. Darunter sind Szenen aus der Hildsage, die Entführung der Hild durch König Högni und die Verfolgung durch Hedin dargestellt. In der untersten Zone segelt ein großes Wikingerschiff.
Die dritte Gruppe verwendet bereits christliche Symbolik, meist ein Kreuz oder Ringkreuz. Die bildhafte Darstellung ist zugunsten linearer Ornamentik und umlaufender Runeninschriften abgelöst worden. Hier werden literarisch Einzelschicksale dokumentiert und die Namen der Angehörigen aufgeführt, für die der Stein durch ihre Familie errichtet worden ist. Besonders eindrucksvoll sind die Bildsteine von Sjonhem mit dem in Ranken verflochtenen Runenband und der erläuternden Beischrift, zum Beispiel, daß Rodfos von den Walachen auf der Ausfahrt verraten worden ist, Gott der Seele des Toten gnädig sei und seinen Verräter strafe.
Spätere Grabsteine finden sich auf dem Kirchhof in Lärbro. In der Kirche ist Nils Taksten, der auf seinem Hof im Kirchspiel Lärbro residierte, 1274 beigesetzt worden- nicht identisch mit dem bösen Taksten, dessen Grab 1920 im Nachbarort Tingstede gefunden wurde, wobei sich die Überlieferung der Sage bestätigte, daß man den Leichnam mit einem Bärenfell zugedeckt hatte, um den Trollzauber zu bannen. Ein Engel scheint er auch nicht gewesen zu sein, denn in der Inschrift wird der Leser gebeten, die Missetaten des Verstorbenen zu beklagen.
Zwei gotische Tumbengräber verstorbener Pfarrherren haben sich auf dem Kirchhof von Lärbro erhalten. Die Deckplatte der Tumba des Priesters Botvid aus der 1. H. des 14. Jahrhundert zeigt den Verstorbenen frontal mit der Kasel bekleidet und einem Kelch in der Hand unter einem Dreipaß. Darüber sind zwei Heiligenfiguren eingeritzt. Der Tumbadeckel des 1342 verstorbenen Priesters Nikolaus weist nur eine umlaufende Inschrift auf. Die Grabsockel sind mit rundbogigen Blendarkaden, Rosetten und Dreipässen verziert. Bemerkenswert sind auf den gotländischen Kirchhöfen auch die von Handwerkern gefertigten Türschließen, von denen jede auf andere Weise geöffnet werden muß.

Insel Bornholm, Kirchhöfe

Auf der Insel Bornholm hat sich der Kirchhof in des Wortes ursprünglicher Bedeutung erhalten – die Toten werden bis heute in und um den Kirchenbau herum beigesetzt. Die ältesten Zeugnisse christlicher Gräber sind Runensteine. Allein sechs wurden beim Abriß der alten Vester-Marie-Kirke gefunden. Dort vermerkt beispielsweise die Inschrift, daß Thorsten und Sven den Stein für ihren Vater Alvin und ihren Bruder Thorlak errichteten. Gott und die Muttergottes mögen ihrem Geist helfen. Ein Wikingerschiksal spiegelt sich in der Inschrift auf dem Runenstein in der Nylarskirche wieder. Alvard ertrank mit der gesamten Schiffsbesatzung, und Bose ist im Kampf bei Udlaenge gefallen.
Ältere Grabsteine wurden beim Bau der Kirchen oftmals eingemauert. In der Kirche von Østerlars hat man einen Runenstein als Türsturz verwendet. An der Südseite der Bodilskirche ist ein romanischer Grabstein aus Granit mit einem reliefierten Kreuz eingemauert. Aufrecht steht inzwischen wieder ein Runenstein mit umlaufender zweizeiliger Inschrift auf dem malerischen Friedhof neben der mittelalterlichen Ruine der Øster-Marie-Kirke (der klotzige Kirchenneubau aus dem 19. Jahrhundert erhebt sich im Norden davon). Hier ist Jens Pedersen Kofoed, der Befreier Bornholms von der schwedischen Herrschaft im Jahr 1658 beigesetzt. Ein jetzt in der neuen Kirche aufgestelltes Epitaph zeigt ein Bildnis des Reitersoldaten mit seinen beiden Gattinnen und den 24 Kindern. Grabsteine des 17.–19. Jahrhunderts stehen in großer Zahl auf dem Kirchhof und im Inneren der spätmittelalterlichen Kirche von Svaneke. In der Olskirke wurden die älteren Grabdenkmale aus dem 16. Jahrhundert in der Vorhalle zusammengetragen, um sie besser schützen zu können.
Die Kirchhöfe auf der Insel sind mit Mauern umgeben. In Nexø wird er von einer hohen Trockenmauer aus dem charakteristischen Nexø-Sandstein umschlossen. Die Grabsteine des Kirchhofs stammen größtenteils aus der Zeit um 1800. Mit hohen Bäumen inmitten des Mauergeviertes bildet der Kirchhof um die um 1250 errichtete Povlskirche mit dem freistehenden Glockenturm einen besonderen Akzent in der hier flachen Ackerlandschaft. Eine aus Felssteinen zusammengefügte Mauer umgibt den Kirchhof einer der vier Rundkirchen auf der Insel, der Ny-Kirke; er konnte die traditionelle Gestalt eines Inselfriedhofs am geschlossensten bewahren. Zu dem Friedhof führen drei Portale mit einem gezimmerten Vordach und einem hölzernen Mechanismus, der von selbst durch sein Gewicht das Portal nach dem Durchschreiten wieder ins Schloß fallen läßt. Das älteste dieser Portale trägt die Jahreszahl 1678, das westliche entstand 1776, das östliche 1809. Ähnlich sind die Pforten der Østerlarskirche gestaltet, wenn auch ein wenig schmaler und eleganter. In der Nordwestecke des Kirchhofs befindet sich der freistehende Glockenturm mit gemauertem Unterteil und dem aus Fachwerk gebildeten Glockengeschoß. Solche Türme wurden in allen bornholmischen Kirchhöfen errichtet.
Ausgesprochenen Wehrcharakter haben die Kirchhöfe der vier charakteristischen Rundkirchen bei Errichtung der Kirchenburgen im 12. Jahrhundert besessen. Im Untergeschoß des Rundbaus war das Kirchenschiff mit einem Mittelpfeiler eingerichtet, das zweite Geschoß der Rotunde diente als Flucht- und Bergungsraum und besitzt kaum Fenster, während das dritte Geschoß zur Verteidigung genutzt wurde und ursprünglich einen umlaufenden Wach- oder Schutzgang besaß.

Glockenturm

S. 153: Østerlarskirche

Friedhofsportal

Tschechien

Prag, Alter und neuer Jüdischer Friedhof

Der erste jüdische Friedhof der bedeutenden Prager jüdischen Gemeinde, die beiderseits der Breiten Gasse in einem von Mauern umgebenen Ghetto mit mehreren mittelalterlichen Synagogen von der christlichen Religion sichtbar getrennt lebte, lag bis zum Jahr 1478 in einem bis ins ausgehende Mittelalter nur spärlich bebauten Areal in der Neustadt, heute etwa zwischen der Jungmanngasse und der Spálená gelegen. Wladislaw II (reg. 1471–1516) untersagte den Juden hier weitere Bestattungen, so daß man einen neuen Friedhof in der Nachbarschaft zur im 11. oder 12. Jahrhundert errichteten Pinkassynagoge anlegte. Er mußte ständig erweitert werden und brachte es durch Zukäufe auf eine Größe von 11 Hektar. Drangvolle Enge herrschte hier, so daß man allmählich gezwungen war, durch Erdaufschüttungen Bestattungen in mehreren Schichten übereinander vorzunehmen. Für einen Juden wäre es undenkbar gewesen, durch Ausheben eine Grabesstätte zu beseitigen. Dadurch wurde aus dem ebenen Areal des Judengartens allmählich ein hügeliges Gelände.

Für den Judengarten bürgerte sich die heutige Bezeichnung »alter jüdischer Friedhof« erst ein, als im Zusammenhang mit den Reformgesetzen Kaiser Josef II. (1741–1790), die eine Beisetzung in bewohnteren Stadtteilen untersagten, auch dieses Areal 1787 geschlossen wurde. Ein neues Gräberfeld fand sich in dem ehemaligen Dorf Olsany an der Stelle eines 1680 angelegten Pestfriedhofes. Um erneut eine zu rasche Überbelegung zu vermeiden, beschränkte man das Begräbnisrecht auf dem neuen jüdischen Friedhof auf die am rechten Moldauufer gelegenen Stadtteile. Heute erstreckt sich das Friedhofsgelände dort über eineinhalb Kilometer.

Normalerweise erhielten die hier Beigesetzten einen Grabstein, Sarkophage wurden nur den bedeutenden Persönlichkeiten aufzustellen erlaubt. Dazu zählten der Historiker und Verfasser einer ersten Geschichte der Prager Juden David Gans (1541–1613), der Astronom Josef Delmedigo (1591–1655) und Rabbi Löw (1512–1609). Auf den Retabel-Grabsteinen findet sich auf der Vorderseite nur der Namen des Beerdigten verbunden mit dem Namen des Vaters, bei verheirateten Frauen ist der Ehemann auch dann mitaufgeführt, wenn er gar nicht an dieser Stelle begraben liegt. Dazu wird der Sterbetag und der Tag der Beisetzung hinzugefügt. Strikt wurde die Einhaltung des Verbotes, den Verstorbenen mit einem Portrait zu verewigen und damit das jüdische Bilderverbot zu mißachten, überwacht. Man umging dieses Verbot, indem auf indirekte Weise bildlich-symbolische Hinweise und Embleme angebracht wurden, die auf den Beruf und den Namen des hier Bestatteten hinwiesen. So besitzt der Sarkophag von David Gans das Zeichen eines Davidsternes, neben dem eine Gans sitzt. Ein anderer Grabstein zeigt ärztliche Instrumente und das Bild eines Bären, so daß daraus geschlossen werden kann, daß hier ein Doktor Bär begraben liegt.

Der älteste erhaltene Grabstein gehört dem Prager Arzt Rabbi Avigdor Karo († 1439), Verfasser eines hebräischen Klageliedes auf die Judenprogrome des Jahres 1389, das noch bis ins 20. Jahrhundert hinein am Versöhnungstag in der 1270 erbauten Altneusynagoge gesungen wurde. Häufig besucht wird das Grab des Rabbi Jehuda Löw ben Bezalel (1512–1609). Ihm stellte man eine rosafarbene Spätrenaissance- Tumba mit zwei Arkadenbögen und gemeißelten Schriftfeldern auf. Rabbi Löw war als Talmudlehrer Begründer der Prager Rabinerschule. Im 18. Jahrhundert wurde ihm die Erfindung des Golem, eines künstlich geschaffenen Menschenwesens, zugeschrieben.

Ungarn

Pécs (Fünfkirchen), Frühchristliche Grabkammern

In dem 1780 entdeckten frühchristlichen Friedhof von Pécs (Fünfkirchen) fallen sieben Grabkammern mit aufschlußreicher Wandmalerei auf, unter denen die Malereien der Petrus-Paulus-Katakombe (Grabkammer Nr. 1) eine Vorstellung der Todesvorstellungen innerhalb des frühen Christentums ermöglichen.

Den längsgerichteten, tonnengewölbten Raum umzog auf allen vier Seiten eine mit Marmorimitationen bemalte Sockelzone. Darüber befindet sich an der Eingangsseite eine mit Pflanzenornamenten dekorierte Wand. Die Rückwand gegenüber wird von dem zentralen Motiv des über einer Nische angebrachten Christusmonogramms beherrscht. Ihm akklamieren zwei bärtige Apostelgestalten auf einer Himmelswiese, die durch rote Rosen, eine Rosenstaude und eine rote Lilie gekennzeichnet ist. Obwohl die Gesichter nur schemenhaft zu erkennen sind, dürfte es sich um die Apostelfürsten Petrus und Paulus handeln.

Die zwischen Eingangs- und Rückwand verlaufende Tonne besitzt auf jeder Seite drei hochformatige Bildfelder, die an die Gemäldezyklen auf den Längswänden der frühchristlichen Basiliken erinnern. Das schlecht erhaltene Mittelfeld der linken Hälfte weist eine Darstellung der zwar en face gegebenen, aber ins Profil gewendeten Gottesmutter mit Kind auf, der sich im ersten Bildfeld am Eingang die drei Magier nähern. Das der Rückwand nächstliegende Bildfeld zeigt den bärtigen Noah, der einer von oben herabschwebenden Taube seinen Arm entgegenstreckt. Noah ist hier nicht wie in der Katakombenmalerei üblich als um Rettung flehender Orant dargestellt, sondern eher einer Buchmalerei entsprechend einen bestimmten Moment der Geschichte illustrierend: er will gerade die Taube zu sich heranziehen. Auf der rechten Hälfte der Tonne wird eine verloren gegangene Darstellung des dortigen Mittelfeldes, also das Pendant der Gottesmutter von den in Katakomben häufig anzutreffenden Darstellungen von Adam und Eva sowie der Rettung des Propheten Jona gerahmt.

Über diesen Bildfeldern spannt sich ein Rosenhimmel mit fünf Medaillons mit Bildnissen von Märtyrern und dem im Lorbeerkranz eingeschriebenen Christusmonogramm. Mit diesem Motiv ist diese Grabkammer stärker als die römischen Katakomben mit den profanen Dekorationssystemen der Spätantike verbunden. Dies zeigt sich auch in der Umdeutung der Medaillons weg von paganen Allegorien der Jahreszeiten, die eine Kaiserapotheose umgaben. Hier ist das heidnische Motiv umgestaltet: Märtyrer umgeben das christliche Siegeszeichen.

Der Dekor des Himmels entspricht der römischen Paradiesvorstellung, die von der abstrahierten Abbildung einer Parklandschaft geprägt ist. Das Dekorationsschema mit dem großen Mittelmedaillon und den vier Eckmedaillons ist aus Beispielen des 1. Jahrhunderts in Rom überliefert, war aber bereits im 2. Jahrhundert als Ordnungsprinzip nicht mehr geläufig und wurde durch komplizierte um ein Mittelfeld laufende Diagonal- und Kreissysteme ersetzt. Erst in konstantinischer Zeit besann man sich wieder der altrömischen Weise, in Kreisformen Jenseitsvorstellungen auf das Gewölbe zu projezieren. Pécs steht hier als Beispiel für die weite Verbreitung solcher Motive in der konstantinischen Zeit im 4. Jahrhundert. Parallelen ergeben sich zu der Grabkammer von Niš/Serbien, wo sogar dieser Garten durch eine entsprechende Umzäunung abgeschlossen ist. Vermutlich war für beide balkanische Katakomben das Ausstattungsprogramm der Kathedrale von Aquileia vorbildhaft.